傅斯年

谈教育

傅斯年 ◎ 著

辽宁人民出版社

图书在版编目（CIP）数据

傅斯年谈教育/傅斯年著. —沈阳：辽宁人民出版社，2015.1（2017.3重印）
（名家谈教育丛书）
ISBN 978-7-205-08101-0

Ⅰ.①傅… Ⅱ.①傅… Ⅲ.①傅斯年（1896~1950）—教育思想—文集 Ⅳ.①G40-092.7

中国版本图书馆CIP数据核字（2014）第270660号

出版发行：辽宁人民出版社
　　　　　地址：沈阳市和平区十一纬路25号　　邮编：110003
　　　　　电话：024-23284321（邮　购）　024-23284324（发行部）
　　　　　传真：024-23284191（发行部）　024-23284304（办公室）
　　　　　http://www.lnpph.com.cn
印　　刷：沈阳新天地印刷有限公司
幅面尺寸：160mm×230mm
印　　张：11.5
字　　数：163千字
出版时间：2015年1月第1版
印刷时间：2017年3月第4次印刷
责任编辑：艾明秋　赵维宁
封面设计：Amber Design 琥珀视觉
版式设计：姿　兰
责任校对：王珂洁
书　　号：ISBN 978-7-205-08101-0

定　　价：23.00元

目　录

导读 读这篇文章给人的最大感受是傅斯年的与时俱进的精神。傅斯年少时饱读诗书，国学根底极好，入北大后深得黄侃厚爱，但不久转向，成为新文化运动代表人物胡适的得意门生。在本文中，傅斯年明确指出中小学课程应减少至最低限度，并点名批评黄炎培等人所拟的偏重人文的高中章程。北大国学门出身的傅斯年批判人文的课程，这就不仅是他的与时俱进了。了解一个人的教育思想，应先了解这个人本身的思想志趣，傅斯年在本文中所提出的多种观点，在今天看来均有现实的意义，比如职业教育与通识教育的关系，比如教育的独立，再比如对穷困学生的资助。

教育改革中几个具体事件

关于教育改革之具体问题，原则上我们可以有些意见。其施行的详细方案乃是教育当局的事，我们局外人既无材料在手，自然无从悬推。

教育改革具体方案之原则，一时想来有下列数事。

（一）全国的教育，自国民教育至学术教育，要以职业之训练为中心的。这话不是江苏省教育会一系人之老调头，他们的办法是把学校弄成些不相干的职业的"艺徒学堂"。幼年人进学堂，如进工场一般，这是极其不通的。我们乃是主张学校中的训练要养成幼年人将来在社会服务的能力，养成一种心思切实，态度诚实，手脚动得来，基本知识坚固的青年。所以中小学虽有化学，然而如竟专心制起胰子来；虽有物理，然而专心做起电灯匠来，都是大可不必的。不过，化学虽不造碱，而必使中学毕业生在化学工厂中做起事来，能应用他在学校中学的化学知识；在农场中做起事来，能应用他在学校中学的动植物知识，然后这教育不是失败的。

在这"职业训练"的要求之下，我以为中小学的课程应注意下列数事：

甲、将中小学课程之门类减少至最低限度，仅仅保留国文、英文、算学、物理、化学、自然知识、史地知识、体育等，而把一切不关痛痒的人文科目一律取消。一面将党义的功课坚实的改良，使其能容纳些可靠的人文知识，不专是一年又一年的叫口号。当年黄炎培等人拟高中章程，竟有了文化史和人生哲学。这个题目在欧洲尚不会建设得能够包含着基本训练之意义，试问中国有谁配教这门功课？在高中又如何教法？……

乙、每一科目宁缺勿滥。在城市的学校可减除自然知识，在乡村学校亦可酌量减除些科目，只有国文、英文、算学是绝对不可少的。每一科目既设之后，必求有实效，国文非教得文理清通、文法不错不可，英文非教得文法了然能有些实用不可，算学非教得有算术、几何、代数、最浅解析几何、最浅微分之基础知识，而能实用不可（此限度就高中言）。物理非教得对于电灯、肥皂泡、天气变化、化热力功用等等一切我们四围环境中遇到的事件，能与书本上的指示连起来不可；植物非教得能把我们园中的植物拿来分类认识出来不可。一切功课都步步跟着实验，教科书不过是一个参考的手本，训练的本身乃在动手动脚处。国文、英文也不能是例外的，历史要教到坚实而不盲目的民族主义深入心坎中，同时知道世界文化之大同主义；地理要教得知道世界各地物质的凭借，及全国经济生活之纲领，若专记上些人名、地名、年代、故事，乃真要不得的。为实现这样的课程，教育部有设置几个专科的课程编定委员会之必要。

照这样做下去，然后以下列的标准考察一个学校办的成功与失败：一、学生的手脚是否有使用他的课本上的知识的能力；二、学生能不能将日常环境中的事与课本上的知识连贯起来。能，便是训练的有效；不能，便是制造废物了。这样的训练，不特可以充分发育一个人之用处，一个人将来在职业上的用处，并可以防止安坐享受的习惯、思想不清的涵养、做士大夫的架子。

（二）全国的教育要有一个系统的布置。民国以来的教育，真可谓"自由发展"了，其结果是再紊乱不过的。私立学校随便开，大学随便添，高中满了全国。即令这些学堂都好，也要为社会造出无数失业的人来，而况几乎都不成样子。现在教育部有下列的几个当务之急：第一，作一个全国教育的统计，同时斟酌一下，中国到底需要些哪样人，然后制定各校各科的人数，使与需要相差不远。第二，使公立学校在上下的系统上及地方的分配上有相当的照应。第三，限制私立学校，使它不紊乱系统。第四，最要紧的——国民教育、普通教育、职工教育、学术教育，中间之相接、相配合处厘定清楚，务使各方面收互相照应之功效，而不致有七岔八错之形态。

（三）教育如无相当的独立，是办不好的。官治化最重之国家，当无过于普鲁士。试以普鲁士为例，虽说大学教授讲座之选补权亦操之教育部，一切教育行政皆由部或地方官厅令行之，然其教育界实保有甚大之自治力量，行政官无法以个人好恶更动之。当年以德皇威廉第二之专横，免一个大学校长的职，竟是大难。革命后普鲁士教育部长免了一个国立歌剧院院长的职，竟发生了大风波。如熟悉德国教育情形，当知高等教育权皆在所谓秘密参议手中，普通教育权皆在所谓学事参议手中，其用人行政，一秉法规，行政官是不能率然变更的。这样子固然有时生出一种不好的惰力。然而事件总不至于大紊乱。中国的教育厅长，特别是市教育局长可以随便更换，这犹可说他们是政务官，然而厅长、局长竟能随便更变校长，一年数换，于是乎教员也是一年数换了。服务教育界者，朝不保夕，他们又焉得安心教书？又焉得不奔竞、不结党营私？

所以政府的责任，第一是确定教育经费之独立，中央的及地方的。第二是严格审定校长、教员、教授的资格，审定之后，保障他们的地位。第三，教育部设置有力量的视学，教厅亦然，参以各种成绩之考核，纯然取用文明国家文官制度（Civil service）之办法，定教育界服务人员之进退，及升级补缺。河南省的教育经费能独立，山东省的教育不曾换过长官，其结果便比江苏、安徽好得多，这真是值得注意的。

（四）中国的教育是自上腐败起，不是自下腐败起。民国二十年来的事实可以完全证实此说。教育部没有道理了，然后学制紊乱，地方教育长官不得人，校长不成样子，然后教员不成样子，然后学生的风纪不堪问了。政府有时稍稍表示认真的决心，每收意想不到的效果。如民国十五年国府在广东时，把中山大学解散了，教授重行聘任，学生须经甄别，当时的中山大学真可谓党派斗争之大集合，亦是学潮的博物馆，然而政府一经表示决心之后，竟全无问题，于是中山大学有了三年的读书生活，以后仍是政府措施不当，然后风潮又起来的。又如此次政府表示整顿中央大学的意思，不特在中大办下去了，即远在北平的大学，也望风软化。虽以刘哲一样的人，尚能以决心平服北平教育界，而况其他？……所以我的看法是：教育之整顿，学风之改善，其关键皆自上而下，都不是自下而上。若大学校长永远任用非人，虽连着解散几次又何益？然则今之政府之责任，在整顿自己责任内的事。所谓政府责任内事者，大致有下列二项：

甲、把教育部建设成一个有技术能力的官厅，以法兰西、普鲁士的教育部为榜样做去，不特参事、司长不能用一无所能的人，即科长、科员亦必用其专门之长。此外更设统计处；以便全国教育事项了如指掌；设教材编纂处，不再审定些亡国的教科书。

乙、厅长、大学校长、教育局长必须用得其人。其人若有人品，有见识，有资望，自然没有学潮，有也不至为大害。以我个人教书的经验论，学生多数是好学生。我一向对学生极严厉，并未遇到反响，所见的学生捣蛋，皆自教员不振作而起。

（五）教育当局要为有才学的穷学生筹安顿。中国的家庭是世界上最腐败的，中国的家庭教育是世界上最下等的，所以严格说去，中国无"世家"之可言。惟其如此，故贤士干才多出于贫寒人家。环境之严苦锻炼出人才来，不是居养的舒服能培植德性的。科举时代，穷人是比较有出路的，一来由于当年读书本用不了许多钱，二来由于当年义学、宗塾、廪膳膏火、书院奖励、试馆等制度，大可帮助有才无钱的人。今日之学校教育，用钱程度远在当年之上，并无一切奖金、助金。国家号称民国，政治号称民权，而贫富之不平更远甚，成个什么样子？不特就人道的立场言，极其不平；即就政治的作用论，也是种下一个最大的危险种子。所以我来提议：

甲、把自大学至小学的经费抽出至少百分之五来作奖学金。

乙、把一切无成绩的省立大学停止了，改成奖学金（国外留学金在内）。

丙、把一切不成样子的私立大学停止了，收他们的底款为奖学金。

丁、一切私立学校不设奖学金者，不得立案。

戊、学费一面须收得重，奖学金额一面复设得多。

于是国家有国家的奖学金，省有省的奖学金，县有县的奖学金，学校有学校的奖学金，团体有团体的奖学金。于是学生用功了，穷学生尤其用功了，学校的风气自然好，社会的秩序自然改善。

此外关于学术教育的事项，后来再论。

（1932年）

┃导读┃ 民国时期是中国高等教育从无到有，并渐渐与国际接轨的时期，在此期间由于一些欧美留学的精英知识分子的努力，中国的高等教育发展很快，相应大量的讨论随之而来，在本文中傅斯年所谈的三个问题：与中小学教育的区别、大学的构造、教授的胜任与否都是大学的核心问题，讨论的空间很大，需要读者仔细揣摩。

改革高等教育中几个问题

本文中所谓高等教育者，大体指学术教育而言，即大学与其同列机关之教育。此中自然也含些不关学术的事，例如大学学生人品之培养等，然而根本的作用是在学术之取得，发展与应用的。

在清末行新教育制以前，中国之学术多靠个人及皇帝老爷一时的高兴，其国家与社会之高等教育机关，只有国子监及各地书院，因为府州县学还近于普通教育。国子监只是一个官僚养成所，在宋朝里边颇有时有些学术，在近代则全是人的制造，不关学术了。书院好得多，其中有自由讲学的机会，有作些专门学问的可能，其设置之制尤其与欧洲当年的书院相似。今牛津、圜桥各学院尚是当年此项书院之遗留，其形迹犹可见于习俗及制度中也。不过，中国的书院每每兴废太骤，"人存政举，人亡政息"。而且一切皆系于山长一人，无讲座之设置，故很难有专科之学问。且中国学问向以造成人品为目的，不分科的：清代经学及史学正在有个专门的趋势时，桐城派遂用其村学究之脑袋叫道："义理、词章、考据缺一不可，学术既不专门，自不能发达"。因此我们不能不想到，假如刘宋文帝时何承天等，及赵宋神宗时王安石等的分科办法，若竟永远实行了，中国学术或不至如今日之简陋。

清末改革教育，凡旧制皆去之，于是书院一齐关门，而一切书院之基金及地皮多为劣绅用一花样吞没了。今日看来，书院可存，而书院中之科目不可存，乃当时竟移书院中之科目，即旧新各式八股于学堂，而废了书院，这不能说不是当时的失策。现在我们论高等教育，这个帽子可以不管，因为今日之高等教育，除洋八股之习气以外，没有一条是绍述前世的，而是由日本以模仿西洋的。因为如此，我们不能不说说欧洲近代大学的演成。欧洲的近代大学可以说有三种含素。一是中世纪学院的质素，这个质素给它这样的建置，给它不少的遗训，给它一种自成风气的习惯，给它自负。第二层是所谓开明时代的学术。这些学术中，算学、医学等多在大学中出，而哲学政治虽多不出于其中，却也每每激荡于其中。经此影响，欧洲的大学才成"学府"。第三层是19世纪中期以来的大学学术化，此一风气始于德国，渐及于欧洲大陆，英国的逐渐采用是较后的。于是大学之中有若干研究所、工作室，及附隶于这些研究所、工作室的基金、奖金。当清末办新教育的时代，这一页，欧洲历史是不知道的，以为大学不过是教育之一阶段。当时的教育既要"中学为体、西学为用"，更以富强之目前功利主义为主宰，对于西洋学术全无自身之兴趣，更不了解它的如何由来培养与发展。试看张之洞、张百熙的奏折，或更前一期王韬、冯桂芬的政论，都是这样子。他们本不知道西洋在发财造炮以外有根本的学术，则间接仿造西洋的学术建置，自然要不伦不类的。我们现在正也不能怪他们，以他们当时的环境做出那些事来，比其现在的教育界领袖以今之环境做出这些事来，则今之人十倍不如他们。直到民国初年，大学只是个大的学堂。民国五六年以后，北京大学侈谈新学问，眼高手低，能嘘气，不能交货，只挂了些研究所的牌子，在今天看来当时的情景着实可笑。然而昏睡初觉，开始知道有这一条路，也或者是一个可纪的事。从那时到现在，中国也有两三种科学发达，一般对大学及学术制度之观念进步得多了，不过，今之大学仍然不是一个欧洲的大学，今之大学制度仍不能发展学术，而足以误青年、病国家。即如以先觉自负之北大论，它在今日之混沌，犹是十多年前的老样子哩！现在似乎政府及社会都感觉着大学教育有改革之必要，我也写下几件一时感觉到的事。

第一，大学教育不能置之二般之教育系统中，而应有其独立之意义。大学也是教育青年的场所，自然不能说它不是个教育机关，不过，这里边的教育与中小学之教育意义不同。中小学之教育在知识的输进技能之养成，这个输进及养成皆自外来已成之格型而人，大学教育则是培养一人人于学术的法门中的。诚然，中小学教育需要教授法之功用，这教授法可以用来使学生自动接受训练，而大学中也不是能够忽略知识之输进技能之养成者曰不过，中学教师对学生是训练者，大学教师对学生是引路者；中学学生对教师是接受者（无论接受的态度是自动的或被动的），大学学生对教师是预备参与者。虽大学各科不可一概而论，工、农、医等训练之步骤要比文、理、法、商为谨严，然而大体上说去，大学各科虽不同，皆是培植学生于专科学术之空气中，而以指导者给予之工具，自试其事者也。因此情形，大学生实五分年的全班课程之可言，今之大学多数以年级排功课，乃将大学化为中学，不特浪费无限，且不能培植攻钻学术之风气。如大学不成为中学，下列办法适宜采用：

一、设讲座及讲座附属人员，以不布置中学功课之方法为大学课程。

二、除第一年级比较课程固定外，其余多采选习制（文、理、法、商之选习宽，工、农、医较有限定）。

三、每门功课不必皆有考试，但须制定一种基本检定。这种基本检定包含各若干及格证，得此项及格证之后，然后可以参与毕业考试。此项及格证在国文系者试作一例如下：

甲、中国语言文字学；

乙、中国文学史；

丙、中国通史；

丁、中国诗学（词与曲在内）或词章学；

戊、一种西洋文学；

己、若干部书之读习。

四、毕业考试由教育部会同大学行之。论文一篇，证明其能遵教授之指导施用一种做学问之方法而已，不可不有，亦不可苛求。此外选择二三种最基本之科目考试之。

五、非满若干学期，不得参加毕业考试，但在学校中无所谓年级。

六、凡可有实习之科目，皆不可但以书本知识为限。

七、最普通的功课由最有学问与经验之教授担任，以便入门的路不错。

第二，大学之构造，要以讲座为小细胞，研究室（或研究所）为大细胞，而不应请上些教员，一无附着，如散沙一般。大学中的讲课，如不辅以图书之参用，或实验之训练，乃全无意义；而在教授一方面说，如他自己一个，孤苦伶仃的，无助手，无工作室，乃全无用武之地。虽有善者，无以显其长，致其用。故大学中现在实在尚多用不着高于大学本身一级之研究院，而每一系或性质上有关连若干系必须设一研究所。大学学生本身之训练，即在其中。大学教授之日进工程，即在其中。其中若能收些大学毕业继续受训练的，自然是好事，有时也很需要。不过，研究非专是大学毕业后事，而大学生之训练正是研究室之入门手续也。舍如此之组织而谈大学教育，只是空话。今之大学，各个都是职员很多，教员很多，助手很少，且有的大学教授一到校，非讲堂及休息室则无立足之地。此等组织，诚不知如何论学问。

大学本身之研究所，与大学外之研究院，也不应是没有分别的。今之研究院，有中央北平二机关，近年皆能努力，若凭理想论去，研究院与大学中之研究所应有下列之分别协调集众工作（Collective work），需要大宗设备，多人作工，多时成就，与施教之职务，在工夫及实际上冲突者，应在研究院，例如大规模之考古发掘、大组织之自然采集等。凡一种国家的职任，须作为专业，不能以有教书责任之人同时行之者，应在研究院，例如电磁测量、材料试验等。至于一切不需要大规模便可研究的工作，大学中仅可优为之，研究院不必与之重复，且有若干研究，在大学中有学生为助手更便者，在研究院反有形势之不便。如此说来，研究院之研究，与大学中之研究，本非两截，不过因人、因事之分工而已。

第三，大学以教授之胜任与否为兴亡所系，故大学教授之资格及保障皆须明白规定，严切执行。今之大学，请教授全不以资格，去教授全不用理由，这真是古今万国未有之奇谈。只是所谓"留学生"，便可为教授，只是不合学生或同事或校长的私意，便可去之。学绩即非所论，大学中又焉有励学之风气？教育当局如有改革高等教育之决心，则教授问题应该求得一个精切的解决。我一时提议如下：

一、由教育部会同有成绩之学术机关组织一个大学教授学绩审查会。

二、凡一学人有一种著作，此著作能表示其对此一种学问有若干心得者，由此会审定其有大学教授资格。

三、经上列第二项业绩之后，此学人更有一种重要著作，成为一种不可忽略之贡献者，由此会审定其有大学教授资格。

四、凡有大学教师或教授资格者，任何一大学请其为教师或教授时，受大学教员保障条例之保护，即大学当局如不能据实指明其不尽职，不能免其职。

五、既得有上列两项资格之一，而任何三年中不曾有新贡献者，失去其被保障之权利。

六、凡无上列资格，在此时情况之下，不得不试用者，试用期限不得过二年。

七、凡不遵守上列办法之大学，教育部得停其经费，或者不给予毕业证书之用印。

既澄清了大学教员界，然后学术独立、学院自由，乃至大学自治，皆可付给之。如在未澄清之先，先付此项权利于大学教授，无异委国家学术机关于学氓、学棍之手，只是一团糟，看他们为自身的利益而奋斗，而混乱而已（此文写至此处，急须付印，尚有余义，且待后来再写）。

（1932年）

┃导读┃ 　　傅斯年先生在民国时期曾有"傅大炮"的外号，他能撰文又严辞批评，将民国要员孔祥熙与宋子文轰下台。在本文中傅斯年延续了他的批判精神，直陈教育时弊，表达了对教育部门的不满；同时本文亦提出了在当时很有建设性的意见。

再谈几件教育问题

几个星期前，我在《独立评论》上谈了几件关于教育的事。这几段文字都是发稿前一晚赶着写的，急急忙忙，都没有把话说完，而引起好些辩论和骂来。虽骂的文章多数不值得反复辩论，却也有几事有再谈一谈之必要。不幸中间小病，隔时之后，冲动既歇，好些当时要说的话忘了。现在且把不曾忘的写下几件，零零碎碎，各段自是一事，合来不成一篇文章。

三件关涉教育学的意见，续答邱椿先生。在本刊第九号我那篇文字中，提出三件事来。第一，大学不是适用教育学的场所；第二，教育学家必于文理各科中有一专门；第三，中小学的课程要门类少，而内容充实。现在再依次解说之。

（一）所谓教育方法者，大致说来，当有下列几层作用：①适应学习者之心理。教者与学者年龄知识皆不同，强以自己所晓喻者加之于人是不行的。②所教科目之逻辑的、扼要的、明显的处置。小学及中学学生既是些幼年人，而教的人又非一种学问的专家，故若干人共同研究出的教育法是必要的，且只有在这样的场所中，教育法能有纲领而不失于零零碎碎，不切本题。至于在大学中，做教师者，应假定其对于所教之一科有一种专门的训练，而非为教书之贩卖；应假定其对于所教之一科有一个会通的观点，则教出来自然应有提纲挈要的布置，如果他不是自己先不懂得的话。此外还要假定他有常识。这几个假定诚然不能实现于今之多数大学教员，然而大学教员本该如此。且大学中之学生，年龄上、知识上都用不着教员之耳提面命，除非低能到不该入学的。所有教员自己能懂得的，自然有法子使学生懂得，不待那些繁文缛节的教育方案。然则大学教员，在教书上之作用，皆在其对于自己学科之了解与造诣，而以常识、学识、讲说风度及人格，为其教育学，不学这一科，或学而无底者，焉得能为他想出教育法来？学一科，学而有底，自然能够自出教育法。即以我个人读书的经验论，在中学，在大学，在外国，所受益最多的教员，是学问最有根底的教员，绝不是注重教育法的教员。有的几位简直是老学究。诚然，学问既好，又了解教育法，固然是锦上添花的事，然而这事在大学中无关弘旨，不有正不足为害，而徒恃所谓教育法，忽略学问之自身，乃全无是处。我举一个实例，赫胥黎当年是以说话太快、思想太速为初学人所诟病的三照欧洲及英国的习惯，最好的教员教最低年级的学生，因此赫先生教普通动物学等，教得有些人怨他说话赶不上，然而赫胥黎以其学问引出多少第一流生物学家呢？若请一位在哥伦比亚大学教师学院的教育专家兼习生物者来教，能得这样效果万分之一否？一种学问精通之后。自然生出一种教育法，这话虽不可以施之于一切大学教员，然大多数是如此的。况且大学科目以其专门性质更难有普遍应用之教育法，除非常识上的事，本是人人应有的以外，至于大学中教学以外的事，尤其与教育学没有甚么关系的。大学行政在欧洲真是简单到极度，而学问自然发达，今日中国弄得愈复杂愈不相干了。总而言之，在一个大学里，如上了轨道，行政正是九牛之一毛，不是甚么高谈教育学之场所，在一学科中只要教者有学识及常识，自然能教人，能引人，不待搽粉抹胭脂的事做。

（二）教育家必于文理各科之中先有一种专门，然后他的教育学有所寄托，不至流为不相干的空话。这话恐怕是学教育者平心静气时要承认的吧？以我所见，英、德大学之习教育都必须先习一种文理专科，然后加以教师的训练，然后再谈教育学。所以教育不是有志做教员之副科，便是一个毕业后级的研究。诚然，也有一二个例外，如汉堡，如法兰克福。然这两个大学都是创办不久，并无多大学术上之权威。汉堡是个买卖城，其文化如中国之有上海，其大学中包有很多其他大学不屑的东西，不止教育一件而已。法兰克福是出名的犹太城，其大学尤不占学术上之位置。若引此为例徒使稍知德国大学者为之小怪而已。我在伦敦读书时，伦敦大学的教育学教授如 Adams，如 Nnm，都是先有专长再习教育的。有次我亲见一个中国学生跑到那里开头要学教育，碰到了一个无趣。诚然一国有一国的风气，不可扬此抑彼，不过我听说教师学院大体上也是大学毕业后的学生入的，如何能拿他当个模型，在中国大学中创一个教育学院，而使之与文理科同列呢？我实在不了解没有一种文理学科的专长，而空谈教学法，又能谈出什么来呢？我更不了解，离了人文及自然科学之自身而谈教育，要教出什么来呢？我有一位学自然科学的朋友，有一天对我说，我现在明白了某某为什么罗罗索索做了那么多的教育研究而却是毫无关系的，我看见这几本美国教科书，才知道这些学问的来源。或者教师学院的中国留学生之缺陷，正以其很多开头便学教育，不先在国内或国外文理一科中毕业吧？至于在大学以教育为主科，以文理之一科为副科之一种办法，尤其不上不下，不伦不类。其结果只是一碗杂碎菜，任何学科都得不到一个严整的训练。总而言之，做教员一道，有体有用。学问是体，方法是用，不有其体，何处寄用？教员若先对于所教之材料无根底，还有什么方法可说？

（三）中小学课程要门类少而内容充实一事，似乎也不是一件可以争论的事。不过门类少而内容深，或门类多而内容浅，究竟哪一种是欧洲的办法、哪一种是美国的办法呢？以我所见，恰与邱先生所说相反。我是教育学的门外汉，当然不敢自信，不过且举出我亲眼见的。英国的中等及初等学校是不成一个整齐系统的，所以本来难说，不过，除伊顿、哈乐两个公校及其他高贵化的"公校"，弄些"士君子"的臭习惯因而有些不相干的事做以外，各校科目似乎都偏于简单，且牛津飞圖桥之地方及高级考试，正是初中、高中等毕业之代替，其所考科目非常简单，而每科所要求者实在比中国现行制深得多了。各地公校之算学，常常有超过中国之算学系者（这话也是以实用之能力论，不以科目论，北京大学固善于谈高等算学科目而动手不得也）。至于德国，其中学之Oberprima Primia Sekunda，对每科目所要求者如何，更不待论。德国中学本有好几种，战后渐渐会通之，会通之结果，科目并不加多，而内容转加深些，至少在算学、理化、近代语言上，说是如此。我所见者如此。中国早年学制是抄日本的，即间接抄德国的。我的高中是北大预科，当时北大预科一如日本高等学校的制度，科目甚少，内容比现在高得多。这十多年来，中国教育制度日趋于美国化，而中国之课程程度日浅，科目日多。其中有些科目我们当年真正做梦也想不到，如所谓文化史者及所谓社会科学者，即其一二也。我很希望治教育学者比较一下于欧洲及美国中小学课程，给我们些不错的知识。

依据上列的申说，和以前几次的文字，我冒然提议下列几件事：

一、大学中不设教育学院，因为这个不能本身独立成一种学问；也不设教育系，因为教育学自身不成一种严整的独立的训练。

二、大学中应设教育学讲座及教育研究所，以为有志在中学做教员之文理科学生学习教育之训练，并为文理科已毕业学生有志攻治教育者之训练场所。

三、大学文理科学生愿兼习教育者，其学分应如下列之分配——本科对教育科为三与一或四与一之比。若如北大之办法，教育系学生兼习系外功课占四分之一而弱，似仍不能成一种严切的训练，仍不免于杂碎之弊。

四、中学课程，科目上尽量减少，内容上尽量提高。

五、科学发达与研究机关之关系，中国人开始治科学不是很近的事了。我们且把耶稣会士之影响及上海制造局之事业扔开，中国开始派习科学之留学生并请外国教员在中国教科学，也有三十多年的历史了。到了现在，除地质学算颇发达，生物科学看来也像有劲儿以外，理化、医学等最重要科目真正寂寞得很。这是甚么缘故呢？难道说天之生才分配不均吗？我想，这道理很显然，以地质学之发达为例看去，便可了然。一个初在中国大学毕业或外国大学毕业的

"科学家"，好的也还是一个初入门的毛雏儿，还需要多年的训练与培植。这个训练与培植包含三件事：①在学问进步的环境中；②有能作典型的前辈做指导；③充实为研究需用之工具，及所学事项之熔化。惟其如此，所以若把一个初毕业的大学学生置之人海之中，不上几年，旧学尽荒；从此落伍。中国知办大学而不想如何训练大学毕业生，能派留学生而不想如何安插留学生，因此常常见到在国外读书时很有成绩的青年，回来不久便落伍，此岂是青年人之罪过？有些在美国学科学的，因为回来没有相当的环境，便在美国做起事来了，这真太可惜了！在欧洲及在美国历年的中国留学生学科学者，其中有不少有希望的，只是回国后一着不对把他们埋没了。理化等等日新月异的科学，回国来一教书，一做事，两年便生疏，三四年便落伍了。地质学之比较发达者，因为有个地质调查所，能成一种从事科学进步环境，能建设出相当的权威，能给大学新毕业生一个训练场。即如前几年不幸死于云南土匪的北大地质系毕业生赵亚曾先生，以一个中国大学毕业生，能在几年之内出如许多成绩，岂非难事？也正因为有地质调查所的环境帮助，否则一教书，一做事，便也完了的。物理、化学在中国之不发达者，正以中国没有如地质调查所那样的理化科学机关，故国家出大资本培植的人才中道而废了，这是多么可惜的事！外国人办的协和医学院及上海之李司特研究所尚能为中国安顿几个习自然科学的学人，中国人岂可不自己努力？近几年来，有中央研究院及北平研究院之设置，其中皆有理化的部分，听说很能吸引人才，这诚然是好现象。这样的机关建设得有个样子之后，然后大学的科学教育及留学生之科学教育得到补充，不至半途而废。

　　教育部与教育的改革，我的前几篇论教育的文字，颇给读者一个印象，觉得我以为教育改革之关键在教育部。我当时虽不曾细想到这二点，今天想来，意思却可正如此说。反正中国的事是个循环不解之圈，教育固然，政治亦复如此。社会不好，所以政治不好；政治不好，所以社会不好。教育当局挺不起来，所以教育没办法；教育没办法，所以教育当局挺不起来。如此如此，一个圈子，找不到处理之端。不过凡事总要找到一个地方下手，虽循环的状况中亦只得如此，中国今日虽说社会太不行，故政治不上轨道，然而欲以社会的力量改革政治，更是辽阔的想头。看来看去，还是政治先改革了，其他才有办法，且政治一旦改革，其他必有办法。政治固然，教育亦复如此。果真教育当局振作一下，其效力是很大的。……平情而论，教育至有今日之败坏，还不都是历年来中央及地方上教育当局（校长在内）的责任，这是怨不到学生身上的。果然教育部能建设得像个样子，而对于大学校长、教育厅长之人选慎重将事，中国教育未必即无办法。所谓教育部建设的像个样子者，须得有认识，有方针，有技能。傲参事者，须得懂得教育的方针，有见识而有事可参，做司长者，须得能负起他那一司的任务来，不是一个画行的书板；做视学者，真能视学，看出窍要来，而不坐在南京。此外全国之教育统计，应该精完，各地之教育情形，应该熟习，如此则教育部可自成一种权威，不必尽靠政治的力量。欲中国教育好，必须中国的教育部有普鲁士或法兰西教育部的一半好。我希望现在的教育当局在最短期内努力完成他们的责任！

（1932年）

导读 这是一篇条理清晰的教育讨论，胡适曾言"五鬼乱中华"，本文则从学校教育未脱离士大夫教育、政治的不安定、封建思想与工具主义的侵害、教育人才的低能高用、社会矛盾所造成的青年积怨等五个方面分析了当时教育的失败原因，堪称傅斯年版"五鬼乱教育"。

教育崩溃之原因

中国的学堂教育自满清末年创办的时候起到现在，从不曾上过轨道，而近来愈闹愈糟，直到目前，教育界呈露总崩溃的形势。中国现在正在全部社会的总崩溃状态中之一面，而与其他面分不开。不过，这样说去，牵涉太多，现在且先专说教育崩溃的一事。

欲知教育崩溃的范围，不应仅仅将眼光注射在中央大学、师范大学等，且并不应注射在高等教育。一看小学、中学，其糟糕的状态更远甚于中央大学、师范大学。就学的儿童及幼年人，全在"受教育"的标识下，学习一切紊乱的习惯、作恶的经验，不学不自知的意识，真正不堪设想呢！

教育崩溃的主要原因，据我看来，大致可分为五事：

第一，学校教育仍不脱士大夫教育的意味。中国在封建时代，"士"一个阶级不过是有统治权者之贵族阶级之工具，为他们办办命令下来的事。试看孔二先生所教出来的那些门徒，还不是专找季氏、孟氏寻出路？战国末年士人的地位高得多，然而士人用事者，终不如世卿贵门之数。自李斯相秦始皇，叔孙通相汉武帝封平津侯，挟书射策之人自然扬眉吐气，不过这些人才都不是考试得来的。而考试得来的董巫师，几乎以乱说阴阳送了老命。而汉魏晋南北朝总是一个门阀社会，门阀中人能读书，自然更有令誉，而专是读书的人不能组织统治阶级。自隋唐以来，考试的力量渐大，故士人的地位渐高，至宋朝而统治阶级的除皇帝外，皆是士人了。明朝野化承元朝，故宦官用事；文化承宋朝，故士人得意，明朝虽宦官每执大权，而士人总是统治阶级之组织者。清朝的统治阶级在满洲世族；而士人也颇有相当的地位，曾左以后士人之力量更大。有这么样的两千年历史，故演成了下列一个公式："读书为登科，登科为做官"。一看中国的通俗文学，如传奇、弹词之类，更要觉得这个国民心理之根深蒂固。

而且中国社会有一点与欧洲近代社会之根本不同处，即中国社会之中坚分子是士人；欧洲社会中的中坚分子是各种职业（Trades）中人。故中国的中等阶级好比"师爷"，西洋的中等阶级是技术阶级（Professional class）。诚然，欧洲自中世纪以来也有一种知识阶级，这种阶级便是僧侣（Clerical）。不过这个阶级自成一个最有组织的社会，虽也久与贵族联合来剥削平民，不过它不专是统治阶级之伺候者。中世纪的欧洲有些大城市，这些大城市中有不少的"自由人"，那些"自由人"以其技能自成一种社会，以商业之发达及新地的发现，这些自由人很得些富力，于是在贵族之无常权力（Temporal power），僧侣之精神权力（Spiritual power）之外增了一种第三权力：这是中国历史上所绝无的。西洋科学之发达，大体上是这个阶级的贡献，因为这个阶级一面用技术的能力，一面有相当的自立，故既能动手，又有闲情。希腊的社会不如此，故希腊的思想都是些讲文、讲道的，而动手的事是奴隶的事。我们不得不幻想，希腊的奴隶中，不知道埋没了多少的科学家呢！中国的士人不能动手，中国的百工没有闲情，或者这就是中国自然科学不发达的原因罢。士人之只有舞文弄墨的把戏，没有动手动脚的本领，在中国是自古如此。《考工记》说："坐而论道，谓之王公。作而行之，谓之士大夫。审曲面势，以饬五材，以辨民器，谓之百工。"士大夫是办事的，不是做工的。古代尚且把"智者创物，巧者手之"谓之圣人，自汉以来，都放在儒林、文苑之下，而列在方技之中了。

然而近代的需要是百工，近代教育的作用大体上在乎训练出各种技术（广义的）人才，所以近代教育是欧洲的第三权力之创造品，以代替当年的精神权力之创造品者，一朝拿来，培植在"读书—登科—作官"的土田上，是不能不畸形发育的。自然的趋势既如此，不幸清末办学的人更把新教育与旧科举联上，于是学校毕业皆"赐"出身。我幸而不曾在满清时中学毕业，不然硬派一个拔贡做了二民呢（当时我有一个中学同学，因满清政府要取消这个奖励，他的家长便把他从学堂里叫回家）！所以子弟到学校读书，为父兄者，太大多数不抱着使他成就职业的心理，而希望他毕业后得到一官半职。我记得我当学生时，每次回家，总有乡党邻里来问，"你几时出官，官有多大"？我自然愤的骂一顿。不过，这个引诱势力是如何大呢！看得出这道理最明白者，是吴稚晖老先生。他是士人出身，而在丽景街的多所学校做过工，深知此中奥妙，乃把一切弄文字者皆叫做洋八股，于是纸上的科学是洋八股。胡适之先生之以新方法治旧学者，也叫作洋八股，而胡先生是"戴着红顶子演说革命"者。大约胡先生很欣赏他这句话，遂把说空话的党义文叫作党八股。我今天这篇文章也是八股，胡先生逼着做出的每周课卷，其价值焉得过于王韬、冯桂芬之政论乎？惟其一切学问文章经济皆是八股，所以一切职业是做官，教书的是教官，办党的是党官，办工会的是工官。于是乎认字的人越多，失业者越多。学校办的越多，社会上寄生虫越多。

若想中国成一个近代国家，非以职工阶级代替士人阶级不可；若想中国教育近化化，非以动手动脚为训练、焚书坑儒为政纲不可。

第二，政治之不安定，是教育紊乱一个大主因。诚然，政治果永远安定，社会是只能在浮层增进的，不能在基本上改弦更张。不过，社会永不安定，一切事皆办不下去，袁世凯的阴谋政治激出来所谓新文化运动（这个名词本不通，今姑从俗），北洋军人与盗阀之横行激出来国民革命，假如中国政治变动只是这几个大纲，教育事业可以因时建设的：不幸大潮流之下，分成无数小潮流，来来往往，反反复复，事事皆成朝不保夕之局面，人人乃怀五日京兆之用心，上台是趁火打劫，下台是酝酿待时。校长不做上三年，办不出事业；教书不教上三年，做不成学问。试以山东、安徽两省论，自国民革命军到后，安徽换了好几十厅长，山东从未曾换过，故山东的教育比较差有秩序，而安徽是一团糟。革命的事业，不是革别人的命便成自己的事业，总要有相当时间的，试看苏俄。

第三，一切的封建势力、部落思想、工具主义，都乘机充分发挥。乱世造奸雄，奸雄造乱世。自袁贼世凯专用下等的走卒做封疆武臣，无聊的书办做地方大吏，以便自用，于是人人学他。现在的当局，其用人处有没有像袁世凯的呢？这个风气，影响到一切社会上，教育焉能成例外？清末办学者，尚且多存些公益事业的心，至不济，"门墙桃李"之观念是虚荣心作用，也不足害人的。而今呢？私立大学除办南开大学的张伯苓先生几个少数以外，有几个真正存心在教育事业呢？若是把办学当做买卖做，尚不是最坏的；若当作走狗制造场，乃真是乱国害政的大源。直弄到有政治野心者，非办大学不可。欲登门投靠者，非进大学不可，所以大学生选举校长，每举些权要与政客。因此我们真不能不佩服清华与中央大学的学生。

在这个办学的与从学的相互利用，以申张封建势力、发挥部落思想，充实工具作用之下，教育岂不是紊乱社会的根源？这样的事实可以写成一部一千页的大书，读者人人心中总有几个例子，我不用举了。

第四，哥伦比亚大学的教师学院毕业生给中国教育界一个最学好的贡献。我没有留学或行走美国之荣幸，所以我于哥伦比亚大学的教师学院诚然莫测高深。不过，看看这学校的中国毕业生，在中国所行所为，真正糊涂加三级。因此我曾问过胡适之先生："何以这些人这样不见得不低能？"他说，"美国人在这个学校毕业的，回去做小教员，顶多做个中学校长，已经希有了，我们却请他做些大学教授、大学校长，或做教育部长。"这样说来，是所学非所用了，诚不能不为这些"专家"叹息！这些先生们多如鲫，到处高谈教育，什么朝三暮四的中学学制，窦二墩的教学法，说得五花八门，弄得乱七八糟。我现在有几句话敬告这些与前清速成法政学生比肩的先生们：第一，小学，至多中学，是适用所谓教育学的场所，大学是学术教育，与普通所谓教育者，风马牛不相及。第二，教育学家如不于文理各科之中有一专门，做起教师来，是下等的教师；谈起教育——即幼年或青年之训练——是没有着落，于是办起学校自然流为政客。第三，青年人的脑筋单纯，与其给他些杂碎吃，不如给他几碗大鱼大肉。这些教育家们奈何把中学、小学的课程弄得五花八门，其结果也，毕业后于国文、英、算、物理等等基本科目一律不通。其尤其荒谬者，大学校里教育科与文理科平行，其中更有所谓教育行政系、教育心理系等等。教育学不是一个补充的副科，便是一个毕业后的研究。英国有好些大学以大学文理科毕业者习教育，未习文理科者不得习教育；德国的教育训练是把大学的哲学科（文理经济政治皆在内）学生于高年级时放在特设的一种教育学修习所中，以便教师之养成。总而言之，统而言之，做校长的要从教员出身，否则无直接的经验、切近的意识，其议论必成空谈，其行为当每近于政客。然而要做教师，非于文理各科中有一专门不可。所谓教育行政、教育心理等等，或则拿来当作补充的讲义，或则拿来当作毕业后的研究，自是应该，然而以之代替文理科之基本训练，岂不是使人永不知何所谓学问？于是不学无术之空气充盈于中国的所谓"教育专家"之中，造就些不能教书的教育毕业生，真是替中国社会造废物罢！

第五，青年人之要求，因社会之矛盾而愈不得满足。今日中国的社会，是个最大的矛盾集团。时代的、地域的、阶级的、主义的，一切矛盾，毕集于中国之一身。在这个状态之下，国家无所谓"国是"，民众无所谓"共信"，人人不知向那里去。三十多岁的人尚且不能"而立"，更何所责于青年？在这样情形之下，青年学生自然不能得安定——身体的、心理的、意志的。于是乎最基本的冲动，向最薄弱的抵抗处发动，于是乎青年学生的事不是风潮便是恋爱……

以上的五项中，第一、第二两项是基本的原因，第三、第四两项是目下紊乱之直接原因；第五项是一种外感病，自身健康自然不染，自身不健康是免不了的。政府若想把教育彻底改革，非对这原因作有效的处置不可，否则改一回学制即增一回紊乱，作一次处分即种一次恶因。

至于改革的具体方案，下次再谈。

（1932年）

导读 本文所讨论的在大学中设置研究院，应该说对于中国当下的教育体制具有很强的建议性，傅斯年所认为的大学之研究院不及专门研究机构甚多，在他看来，大学的重点在训练培养青年学生，研究院的设置不应与这一客观情况相违。

大学研究院设置之讨论

前些时教育部公布了一件《大学研究院暂行组织章程》，凡十四条，关于大学研究院之行政的组织，规定略备。在现在各大学每已设立了所谓研究院的时候，有这样一个规定，自然是一件很切要的事情。详考这十四条中，关于大学研究院之行政的方面，规定得似无遗漏，这是值得大家称许的。不过，"徒法不足以自行"，仅仅有行政的规定，这大学研究院是未必能办得好的。所以我现在试谈几件大学研究院如何方可设立的情况。

一、大学之有研究组织是欧洲大陆上创始的风气，而英国是很后些时，受大陆的影响而变成的。这话不是指个人研究而言，个人研究在英国发达也很早。惟其这是一个很近的组织，故好些欧美大学中并不备有，或不充分的有这个组织。本来这个组织不是随便可威的。美国情形我所知甚少，所以不敢多说，美、德情形是我所见，法国情形是我所闻。以我所见所闻而论，大学要办研究院之前，有一先决条件，即大学本身先要充分的实行讲座制。所谓讲座制者，欧洲大陆国家之官设制度，与英国之私人捐助制度虽不同，私人捐助又每每各自不同，然有一个共同之点，即在此制度之下担任一科讲座的教授，应负对此一科之"教学相长"的责任。他不是单独的教书者，而应该是一面求学者；他不是在那里做一个知识贩子，虽然贩卖知识是不可免的，而应该自己有贡献于他的科目。在这一种制度之下，一个讲座之担负者，便是一研究员，其对高级优越肯去专研的学生，便是一个研究导师，如能奋斗出一个小组织来，有助手，有设备，便是一个小研究所。大陆及英国大学中之有研究，在英国称之曰："后毕业级"（Postgraduate Course），在大陆称之曰某科之研究所（Institute）。虽是一件不远的事，而这种讲座制度，广义的说，是与大学建置同起的；狭义的说，也是很早的。先有这个制度，故大学中建研究院一段，甚为自然：大学自身的组织先是这个样，故大学中设研究一级，正可谓大学自身之扩充，其间并无对立的情形，也不成断然不同的阶段。20世纪初年英国：舆论界所讨论之"大学之近代化"者，正是学习欧洲，特别是德、奥，在这一点上之先进主义，即扩充大学讲座之学术贡献能力，而更加大学中之学术的及其助成的组织。且向此方向之运动，在英国也并不始于20世纪开世之年，更早说来，有英后配王阿尔伯为此努力，有赫胥黎诸大师为此宣扬。大陆上成此风气已早几十年，英国之为此奋斗也是经一个很长的时期然后达到的。回看中国要想一下子成就颇觉可疑，其故因为大学的本身不曾完成大学之意义者多。其中有些先进的，经济来源较充裕的，办事人得力的，自然很有些部分可以作进一步的上级研究组织，然若有一个普遍的大学增设研究院之运动，或二个大学中不分教授之个人能力而普遍的高升到研究院一阶级，如某大学普遍发信给各教员，问他要担任研究院之指导否，实不免出于我们在外国所见所闻的常情以外。所以我以为在大学建置其研究院之前，应该先使得大学成大学，即彻底的建设大学中之讲座制，而变更此日之高中教师服务状态，即所谓"排钟点"、"拉钟点"、"教钟点"、"兼钟点"……者。若大学本身的品质不具，而更设研究院，虽以至诚之志赴之，亦必为低能的大学本身所劣化无疑也。

二、以我回国后服务之经验论，大学中之研究院，与独设之研究院，如中央研究院等，及其同样的研究机关如地质调查等，就处境论，各有其不便处。大学之研究院有不及专作研究院机关之便当处甚多。凡一事之需要较大量的设备、大规模的组织者，在大学各科并立的状态之下，颇难得一部分过分发展（虽然有时应该如此，例如北大之地质系），而在专作研究之机关，可以较少此样的限制。又如需要长期在外工作者，不是担任教科之教授所便于长久负荷的。此等事若依绝对的需要，也很应该在大学中作，因为大学的教师也正需要此等历练，不过在教书的任务之下，这事总不是可以为常的；若在专事研究的机关中，毫不受此等限制。至于大学在此事下之优越于专作研究之机关者，也不止一事，科目多而得相互之帮助，讲习多而得陶冶之实在，皆其要点。其最重要者，在乎大学之有学生。惟其有学生，方可在若干工作上得大宗人之动手，在若干问题上得初步者之尝试。诚然，这样的学生虽选择了也还不及训练过的助员之能得心应手，然而助员人数不能多，且人少则思想之方面少，若众多学生，但能在水平线之上，虽不及助手一级之精干，却可以多为贵。而且好学生虽所凭借者并非经验与训练，而是新锐之智力，却时能对研究之教师有所刺动。故专所之研究可以精练深入处见胜，大学之研究可以活泼笼罩处见长。况且人是感情的动物，所谓"人之患在好为人师"者，也正是学究的最大安慰。在这些地方，孔二先生似不如孟大先生之精诚而痛快，所以孟先生便说，"得天下英才而教育之，三乐也"。教书遇到"启予者商"真是可以乐得手足舞蹈的事情。大学中之研究，是师生共之者，虽指导者遇到无识之谈，有时也颇可觉得天真之味，何况学生中颇多才智之士，陶镕虽费心神，却是一件乐事。

如此说来，大学中研究之便当过于非大学中者，正以大学之有学生。然则在大学中设研究院，当以训练大学本身之高级学生为重要，不当以"招收研究生"为专务。若为几个东来西去的所谓研究生，校内不得兼职，而校外似未尝不可兼职之研究生，建设一个庞大组织，似乎不值得。且以此时国民经济的状况论，大学毕业之后，能再做研究生者极少，纵令大学研究院中设奖金膏火，究竟难以维持生活，其结果也，招收之研究生每每不是兼职挂名之求科名者，便是不得职业之可怜虫，或是本校毕业无出路，恋恋于宿舍之无房租者。我不是说招来的，研究生都是这些，我只是说，招来的研究生好的恐怕不多。若但有区区不多之好研究生，不妨由国立各研究院或其他专业研究之机关负其责任，或无须乎为此建设一个庞大组织也。

三、上一节中所求说明者，乃目下大学多不甚需要一个大学本科以上的阶级。若必设研究院，当以训练本科高级学生为主，至少此一事与招收之研究生应同等的重视。现在再说明大学本身之需要研究或讨论的各个小组织。大学之所以异于高中者，高中乃多方的自外训练，大学乃专门的自内启发。高中应是在社会上一般服务人之教育最高点，大学乃是为求专业者供给以基础的训练与启发。故大学中一门功课若教得好，必有切确的讨论、充分的实习，运用思想的实习，而非养成机械习惯的实习。如是，则一个讲座便须附带一个小小的窝巢，即是研究讨论的工具与助手。这样办，然后所教者方能充实而进步，方能不是生抄硬搬的把戏。以类相从，聚集多个这样小窝巢，成一个较大的组织，其中工作互相照顾，如此方是一个研究所或研究部。这是大学本身所不可少，不当是专为上于大学之一级而设的。若研究但为毕业后之学生而设，研究所但为招收之研究生而用，则大学本身难免更要高中化了。若曰，未毕业生不够接受指导之程度。则我曰，既毕业生够的也不见得多，恐怕还不如未毕业者之新鲜（fresh）呢。

四、这个规程可以作为限制各大学漫设研究院之处置（如第五条），也可以引起各大学竟作设置研究院之恶事。这事固系于各大学校长认识之力，同时也系于教育部操持之方。我想，教育部既已颁此令，应发挥其限制之力，而不应放任其竞设之习如第三条第二项及第五条各项，应认真从严办理。且教育部既已自定为判决应设与否之权威者，应先充实其判决之力量。以我所见，普鲁士各大学教授之任用，初决于本校教授会，最后决于教育部。如此，权可谓大，然而能行者，普鲁士教育部有此技术的力量也。我以为在教育部允准各大学设置研究院之前，应先组织一个大学教员资格审定委员会，专以著作定大学教员之资格，其尤有学术贡献者，方得许其为正教授，即执行研究院指导之任务者。若此层办不到，或办得未尽妥当，或未尽严，我恐各大学之所谓研究院，将如春笋之群发，麻茹之坚固，更为高等教育事件上加一紊乱而已。

此时之教育部是最肯以经验见识细心想着作事业，且去真作事业者，故期以"惟善人惟能受尽言"。未尽之意，待下次再写。

（1934年）

导读 傅斯年反对学校读经的理由非常充分，其一学生读经过难，其二是教师讲经亦难，二因之后更有深层理由：六经中的社会不同于近代，因而六经中若干主义不适用于民国，如果由它训练青年，不定出什么怪样子。

论学校读经

记得十七八年以前，内因袁世凯暴压后之反动，外因法兰西一派革命思想和英吉利一派自由主义渐在中国知识界中深入，中国人的思想开始左倾，批评传统的文学，怀疑传统的伦理。这风气在当时先锋的重心固然是北京，而中山先生在上海创办《建设》杂志，实给此运动以绝大的政治动向。我们从他当时所表现的议论中清楚地看出，他是觉得专是一种文化的革命是不足的，必有政治的新生命，中国才能自立，必有政治的新方案，中国才能动转。中山先生提倡"把中国近代化"之功绩是后来中国人所万不当忘的！……溯自建业建都以来，政治上要右转些，本为事理之自然，当为人情所谅解。不料中国人"如醉人，扶得东来西又倒"。一朝右转，乃至步步倾之不已，只弄到去年的祀孔！远史不必谈，姑谈今史。清升孔子为大祀而清亡，袁世凯祀孔而袁世凯毙。韩退之有句话，"事佛求福，乃更得祸！"大凡国家将兴，只问苍生，国家不了，乃事鬼神，历史给我们无数的例。祀孔还不算完，接着又有读经的声浪，这事究竟演化到如何一步，我不敢知，我只替国家的前途担心。提倡革命的人们，无论左向右向的革命，总不免把主张说到极端，到极端才有强烈的气力，然而手操政权的人们，总应该用充分的知识，健强的理智，操持中道的，中道然后有安定！特别在这个千疮百孔的今日中国，应该做的是实际的事，安民的事，弄玄虚是不能救国的。

在批评读经政策之前，有几件历史事实应该知道。

一、中国历史上的伟大朝代都不是靠经术得天下造国家的，而一经提倡经术之后，国家每每衰落的。我们且一代一代地看去。周朝远没有受这些经典于前代，那时候的学问只是些礼、乐、射、御、书、数的实际事件。秦朝焚书坑儒，更不必说。汉朝的缔造，一半赖高帝之武，一半赖文帝之文，高帝侮儒，文帝宗老，直到武帝才表彰六经，然而茂陵一生所行，无事不与儒术相反。宣帝以后，儒术才真正流行，东海边上的读经人作师作相，汉朝也就在这时节起头不振作，直到王莽，遍天遍地都是经学。李唐创业，最表彰的是老子，到了玄宗，儒学才在中天，玄宗亲自注《孝经》，玄宗也亲自听破潼关的渔阳鼙鼓。赵宋的太祖太宗都是武人，真宗像个道士，仁宗时儒术乃大行，也就从仁宗时起仰契丹如上国，有蕃夏而不能制。赵普号称以半部《论语》治天下，我却不知道他之受南唐爪子金，教太宗以夺嫡，在半部之外或在内？明朝是开头提倡宋元新儒学的，其结果造成些意气用事的儒生，酿成燕变而不能制。若不是当时外国人不闹，若不是永乐真有本领，中国又要沉沦了。再看偏安的南朝。南朝的第一流皇帝，一个是纯粹流氓刘寄奴，一个是高超儒生萧老公。刘寄奴到底还灭燕、灭秦，光复旧物，萧老公却直弄到断送南渡以来的汉人基业。我说这些话并不是蔑视六经、《论语》《孟子》等之历史的价值。它们在当年自然有过极大的作用，我们的先民有这些贡献犹是我们今日可以自豪自负的。我只是说，虽在当年简单的社会里，国家创业也不是靠经学的，而一旦国家充分提倡经学，一面诚然陶冶出些好人物，一面又造成些浮文诡化的儒生。不看宋明的亡国吗？儒生纷纷降索虏，留梦炎本是状元，洪承畴更是理学人望，吴澄、钱谦益则胜国之盖世文宗也。事实如此，可知在古时经学制造的人物几经是好的敌不过不好的了。或者当时若没有经术，事情更糟，也未可定，不过当时的经术并无六七十分以上的成绩，是件确定的史实。

二、当年的经学，大部是用作门面装点的，词章家猎其典话，策论家装其排场，作举业的人用作进身的敲门砖。念经念到迂腐不堪的缺点虽极多，而真正用经文"正心诚意"的人可就少了。这本也难怪，经文难懂，又不切后代生活。所以六经以外，有比六经更有势力的书，更有作用的书。即如《贞观政要》，是一部帝王的教科书，远比《书经》有用；《太上感应篇》是一部乡绅的教科书，远比《礼记》有用；《近思录》是一部道学的教科书，远比《论语》好懂。以《春秋》教忠，远不如《正气歌》可以振人之气，以《大学》齐家，远不如《治家格言》实实在在。这都是在历史上有超过五经作用的书。从《孝经》，直到那些劝善报应书，虽雅俗不同，却多多少少有些实际效用。六经之内，却是十分之九以上但为装点之用、文章之资的。我这些话不是我的议论，更不是我的主张，只是我叙述历史的事实。若明白这些事实，便当了然读经的效用，从来没有独自完成过。即就维持儒家的道德教化论，在当年五经大半也还是门面的，也还是靠别的书支持儒教。那么，在当年的社会中失败了的读经，在今日反能成功吗？

三、汉朝的经学是汉朝的哲学，"以《春秋》折狱"，"以《三百篇》当谏书"，哪里是《春秋》《三百篇》本文之所有的事？汉朝的儒生自有其哲学，只拿五经比附出场面来而已。宋朝的经学是宋朝的哲学，自孙复、石介以下每人都是先有其哲学，再以经文附会之，岂特王安石一人而已？汉朝宋朝的经学在当时所以有力量者，正因本是思想创造的事业，本来不是纯粹的经学，所以才有动荡力。清儒之所谓汉学是纯粹的经学了，乾嘉的经学也就全无政治的道德作用了。清末，一面在那里办新学，一面在那里读经，更因为今文为"康梁逆党"之学，不得用，读经乃全与现物隔开。上者剽窃乾嘉，下者死守高头讲章，一如用八股时，那时学堂读经的笑话真正成千成万。少年学生上此课者，如做梦一般。我不知今之主张读经者，为的是充实国文或是充实道德力量？如欲以读经充实国文，是最费气力不讨好的；如欲以之充实道德力量，还要先有个时代哲学在。不过据六经造这时代哲学，在现在又是办不到的事了。

据以上三类历史事实看去，读经从来不会真正独自成功过，朝代的缔造也不会真正靠它过，只不过有些愚民的帝王用它笼络学究，使得韩文公发明"臣罪当诛天王圣明"的公式，又有些外来的君主用它破除种族见解，弄到朱文公也在那里暗用"夷狄之有君不如诸夏之亡"称赞金章宗！

难道相去不远的旧社会试验两千年不曾完满成功的事，在相去如南北极的新社会中值得再去尝试吗？

以上是历史的考察，再就现在的情形论，尤觉这一面事断不可办。我的见解如下：

第一，现在中小学的儿童，非求身体健全发育不可，所以星期及假日是不能减的，每日功课是不能过多的。同时，儿童青年之就学，本为养成其国民的需要，谋生的资格，自然也该把知识教育的力量发挥到最大无害的限度，以便成就其为有用之人。况且现在的世界是列国竞进的，若是我们的中小学程度比起欧、美、日本同等学校来不如，岂非国家永远落后，即是永远吃亏？在这又要儿童青年健康，又要他们程度不比人差的难题下，原有的功课已嫌难以安排，若再加上一个千难万难的读经，又怎样办？挖补自儿童的身体呢？挖补自儿童的近代知识呢？

第二，经过明末以来朴学之进步，我们今日应该充分感觉六经之难读。汉儒之师说既不可恃，宋儒的臆想又不可凭，在今日只有妄人才敢说诗书全能了解，有声音、文字、训诂训练的人是深知"多见厥疑""不知为不知"之重要性的。那么，今日学校读经，无异拿些教师自己半懂不懂的东西给学生。若是教师自己说实话"不懂"，或说"尚无人真正懂得"，诚不足以服受教育者之心；若自欺欺人，强作解事，无论根据汉儒、宋儒或杜撰，岂不是以学校为行诈之练习所，以读经为售欺之妙法门？凡常与欧、美人接触者，或者如我一样，不免觉得，我们这大国民有个精神上的不了之局，就是不求甚解，混沌混过；又有个可耻之事，就是信口乱说，空话连篇。西洋人并不比中国人聪明，只比我们认真。六经虽在专门家手中也是半懂不懂的东西，一旦拿来给儿童，教者不是混沌混过，便要自欺欺人。这样的效用究竟是有益于儿童的理智呢？或是他们的人格？

以上第一件说明中小学课程中"排不下"这门功课，第二件说明"教不成"它。我想，这也很够反对这件事的"充足原理"了。至于六经中的社会不同于近代，因而六经中若干立义不适用于民国，整个用它训练青年，不定出什么怪样子，更是不消说的了。以世界之大，近代文明之富，偏觉得人文精华萃于中国之先秦，真正陋极了！

至于感觉目下中小学国文及历史教材之浅陋荒谬，我却与若干时贤同意见，这是必须赶快想法的。政府或书店还应编些嘉言集、故事集、模范人格的传记以作教训，以为启发。国文、公民，及历史的教材中，也当充分以此等有用的材料。这些材料不必以中国为限，其中国的自不妨一部分取资于六经中之可懂的、有启发性的、不违时代的材料。这就很够了。

（1935年）

导读 "平日的军训，及集中的军训，都不便仅仅看作当兵的训练。中国本是不缺兵的，实在应该把他看作一种人格锻炼，靠此工程造就近代国家的负责国民。"

中学军训感言

这几年中教育界的最大两件事：一、会考；二、集中军训。都是最有意义的设施，其效用虽都不是目前可以大体实现的，然确是可以大体揣想得的。这两件事都有不少反对的人，但这两件事后来若是逐渐办得好上去，反对的人是不能再有根据的。这两件事也都很容易发生毛病。但容易发生毛病是一切大事件的先天症候，有为的民族是不怕这个的。没有会考，教育当局便没有方法综核名实、齐一全国的教育。恶学校与恶教员之淘汰，第一步正靠这事。没有实事求是的集中军训，中国学生难充分了解青年对于国家的义务，借以增长其爱国心。而且中国学生的第一大毛病，无纪律，难组织，也正靠办好的集中训练去纠正。

现在各地正在中学生集中军训的时候，我且贸然把我的感想写下来，供留心教育者参考。

就国家的地位论，中国恐怕要在世界上数倒第三了，土耳其固远远在天上，即如"半黑人的非洲野蛮国"阿比西尼亚，还敢对意大利不屈服，而我们此日何如？革命以来二十四年中，我们未尝没有自立自强的机会，先有欧战，后有华盛顿会议之保障，这都是头等的好机会，然而竟一至如此！说是中国人根本不行吗？就我在西洋住和与西洋人之往来观察之，毫不觉得我们中国人在智能上有"劣等民族"的嫌疑。中国人中聪明人实在不少，凡在国内好好用功的学生，到外国赶不上功课是很少的例外。就上层的才智之士论，中国人到现在也还很有发明创作之天才，即就下层阶级论，我敢说北平的洋车夫远比英岛的矿工智慧大。只是我国有一件大缺陷，我们只是一个一个的单体，而强盛的国家都是大多数国民成一个合体，散沙中虽多黄金沙，总敌不上胶泥能成器物呀。中国人的散沙性，难道说是先天病吗？我们知道，遗传中没有这个分别，这个分别都由于社会环境，早年习惯，教育趋势。我们很可以用教育力量来纠正这个习惯。

中国人缺乏组织性之一件事实，可就两面看。第一，组织是靠有一个大家共认的中央思想作重心，没有这个中央思想，便如铁屑不着磁石一样，是集合不起来的。现代的争雄国家，除苏俄外，其中人民尽管号称信天主教、耶稣教、佛教、回教，其实大多数是真不信任何教的。他们真正信仰，他们心神之真正寄托所，只是他们的国家。所以欧美人之在乎日，居养舒服，远非中国受教育阶级者所能及；而一日打起仗来，全不管了，又非中国劳力以外者所能受。中国人至今多数还未曾感觉到国家之存亡与荣辱如何影响到他个人之存亡与荣辱，无此见识即无此情感，无此情感即无此行为。维新以来的教育；何尝不是终年谈爱国，这样的空谈，虽然引起不少的志士、革命的青年，满清就灭亡在这一点上，然而多数人依然旧样。到了今天，我们还不免惊着去认识，我们的第一患害；不在强敌，而在各种各类的汉奸之多，尤其在大多数人对国家之漠不相关。现在的中国学生，就全国的人口论去，已是社会中的优越阶级，后来总是组成社会的中坚。他们空听爱国的议论，是少用的，他们必须受爱国的训练。他们应该知道国家需要执干戈以作捍卫，到现在更应该知道他们的生死荣辱是和国家的荣辱存亡分不开的。此人此日此事，意思十分充满。借此训练加重爱国的认识，锻炼爱国的情感，是理当的。诚然，西洋有些词章之士，形容一个人入伍出来成个和平主义者，或应云战败主义者（defeatist），但这究竟是极少数，只应该出现于黩武的国家，大多数人是以入伍生活增加爱国兴奋的。

第二，组织既靠中央思想，又靠训练，训练坚实者易于组织，缺训练者不能组织，这都是二加二等于四，不用解释的话。入伍集中的生活是化以纪律之最好场所，即是增加其便于组织性之最好机会，这道理也是不待解释的。

然则平日的军训，及集中的军训，都不便仅仅看作当兵的训练。中国本是不缺兵的，实在应该把他看作一种人格锻炼，靠此工程造就近代国家的负责国民。惟其如此，这军训一事是应该慎重将事，而不当随便从事。在平日之选教官，必须选择有志气的，有志气的才能振青年的志气；必须选择有知识的，有知识的才能作青年学生的师表；必须选择近代化的，近代化的乃能教人以担负国民的责任。必如此慎选，方能收到以军训陶冶人格之效。在集中的训练中，应该充分减少其无谓的苦恼，预先防备其无谓的牺牲，振作受训者的精神，使得他们自己心中是"发扬蹈厉"的，有意义、有作用的施以纪律，使得他们知道纪律即是组织，纪律即是力量。待他们出伍之后，精神上自觉是一个应负责的国民，行动上自认是一个守纪律的青年，这才算把这番劳苦的代价得到了。

我不知道这次集中训练的情形如何，我在此地，只是就此事之性质凭空设想。一件大事，当然免不了他的小缺略，初办一件事，当然免不了他的试办性。以后当然要根据这次的经验，使这事尽完尽善。惟其是大事，所以很容易办得不十分完满，惟其是锻炼国民的事，所以我们不能不希望他能办到十分完满。

试看西洋人，他们是不分文武的。退伍官兵皆可就人民的职业，而一般人民在战时皆可召之入伍。惟其如此，这样国家，有一个国民便有一个国民的实力，国民有实力，国内也出不来军阀了。再看我们的汉代，那时候的文官每每一上马便能杀贼，一使蛮夷便能拓土。等到后来，文武分化，军民异级，从此不竞。历代的制法者，颇能看到这个毛病，与北房比起来这毛病之大尤其显明。唐之设府兵，明之置卫所，都是想在国家内造成一种军民不分的部众，现在的这个需要尤其大了。

（1935年）

┃**导读**┃　这是傅斯年应他的北大校友，曾任浙江省立杭州高级中学校长的
叶溯中先生所约而撰写的一篇谈历史教科书的文章，傅斯年平生虽未
教过中国通史或西洋史，但却曾任中山大学历史系主任，是著名历史
学家，他基于自己一贯的教育主张，结合此前教育经验从八个方面阐
述了历史教科书的编写，结语尤为点睛。

闲谈历史教科书

颇不幸，我没有作过中学历史教员，也没有在大学教过中国通史或西洋通
史，所以我不曾受到这种极有价值的经验的好处。现在谈历史教科书，或者有
时不免是悬想，这要请本文读者体察并原谅。

一　历史教科书和各种自然科学教科书之不同处

编历史教科书，在一点上与编算学、物理等教科书有绝不同之处，我们要
看明白，才可以谈编历史教科书的宗旨。算学与物理科学是可以拿大原则概括
无限的引申事实的。这个凭借，在地质、生物各种科学已难，在历史几不适
用。庞加莱（Henri Poincaré）说："最有趣的事实是那些不止一次可用的，
是那些有机会再出现的。幸而我们生在一个富于这样事实的世界内。姑假设
说，我们这世界中不止六十元素（按，此数是三十年前的话）而有六千万元
素，而众多的它们，又不是这些极希少，那些非常多，而是平均的分配着。那
么，我们每次捡起一块石子便得到一个新元素的机会，是很多的。我们知道别

的石子的成分，不足以助我们知道这个新捡起来的。在遇到每一件新物体时，我们只好像一个婴儿一般，顺从我们一时的兴致与需要而行动。在这样一个世界中，科学是不会有的，也许思想与生命都是不可能的，因为照这样情形，天演不能发展出自身保存的本能来。多谢上帝，事实不如此，但这个福气，也同其他我们常有的福气一样，并未引人注意。生物学家也要同样的受宠，假如世上只有个体，没有种类，而遗传性不足以使儿子像父亲的话。"（Science et méthode, P. 11）

物质科学只和百来种元素办交涉。社会科学乃须和无限数的元素办交涉，算学家解决不了三体问题，难道治史学者能解决三十体？若史学家不安于此一个庞氏所谓"天命"，而以简单公式概括古今史实，那么是史论不是史学，是一家言不是客观知识了。在一人著书时，作史论，成一家言，本无不可，然而写起历史教科书来，若这样办，却是大罪过，因为这是以"我"替代史实了。

物质科学中，设立一个命题，可以概括（Mach所谓述状）无限度的引申命题，所以编物理以及理论化学教科书，虽不必如Hertz的办法，把机力学变做一个几何原本，总可以拿原则概括事实，拿大命题统率小命题。所以编这些门类的教科书，大约有三个领导的原则。第一项，列定概括命题，以包函其多引申的命题与无限的事实。第二项，举切近于读者的例，以喻命题之意义。第三项，在应用上着想。这些情形，一想到历史教科书上，几乎全不适用。第一项固不必说，历史学中没有这东西。第二项也不相干，历史上件件事都是单体的，本无所谓则与例。第三项，历史知识之应用，也是和物质知识之应用全然不同的。

我们没有九等人品微分方程式，所以人物只得一个一个的叙说。我们没有百行的原素表，所以行动只得一件一件的叙说。我们没有两件相同的史事，历史中异样石子之数，何止六千万，所以归纳是说不来，因果是谈不定的。因果二词，既非近代物理学所用，亦不适用于任何客观事实之解释，其由来本自神学思想出。现在用此一名词，只当作一个"方便名词"，叙说先后关系而已，并无深意。照这样说，历史教科书怎样写呢？

我想，我们对历史事件，虽不能作抽象的概括命题，却可以根据某种观点，作严密的选择。古今中外的历史事件多得无数，既不容归纳，只得选择了。至于选择的原则，又如何呢？

二　选择历史事件之原则

想回答这个问题，必须先问，我们为什么应在中学中设历史一科（据二十一年课程标准，小学历史虽并入社会科内，但历史仍为社会科的中心）。中学中设这一科，本有它的历史背景，中国、西洋没有大不同。中国人之读史习惯，在当年为的是科场、作文及一般知识。当年学问本以经史为大端，并没有自然科学。当年知识本以人文为贵重，物质知识是为人不看重的。西洋教育系统中，历史之占一位置，也是沿袭文艺复兴以来的习惯。所谓 liberal education 者，本合不了历史。历史是供给士人以修饰及谈资的，没有这层装点，算是野人。到了现在，这话仿佛不该这样说了。物质界、生命界的知识无数，这在智慧上是无量价值。工艺界经济的知识无数，这在人生上是无量福利。以中小学生之时光精力，应付此等切身的知识，尚虑不及，还要谈历史吗？设若历史只是士人的装饰品、谈吐的资料、文艺的辅佐、胡思乱想所取材，还值得成一学校科目吗？

我以为历史仍应保存在中小学中，而其目的，应该与自文艺复兴以来的士人教育用意不同，因而作用不同。所有装饰性的、士流阶级性的、记诵性的，皆不与近代生活相干，所以可以一齐不采。只有三个意义，我们似当充分看重。

第一是对于"人类"（Mensch heit）及"人性"（Menschlichkeit）之了解，把历史知识当作"人学"。若能实现这一个意思，历史当然不比动物学次要。人性是难于抽象解释的，尤其是人的团体行动。如借历史说明生命界最近一段的进化论，当然是与我们现在生活有关的。

第二是国民的训练。把历史教科做成一种公民教科，借历史事件做榜样，启发爱国心、民族向上心、民族不屈性、前进的启示、公德的要求、建国的榜样；借历史形容比借空话形容切实动听得多。"托诸空言，不如见诸行事之深切著明也"。

第三是文化演进之阶段，民族形态之述状，在中国史更应注重政治、社会、文物三事之相互影响。

这三个要求既树立，其余一切物事，可以少论，"不食马肝，不为不知味"，中学生不知历代皇帝与年数，不为愚！

这三义在上文中再详说，现在另转到别一点上讨论。

三　教育部设定之标准

说到教育部颁布的历史课程标准，我当时看了，颇不敢恭维。现在手中无此物，无法细说，且就我记得的印象写下。此标准之作者，似未见到几个贯串上下的原则，但忙于一代一代的堆积题目，弄得读者觉得颇像一部《策府统宗》一类书的目录。还有一点很要紧，天下的事都不是可以不实验便完美的。此标准之作者，似乎并没有自己试着作一部历史教科书。先自己看看可行不可行，遽然成为定律，强书贾以必遵。书贾奉令承敩，急急上市以图利，自然管不了许多。而且所定标准，节目太细，欲充分叙说，则限于字数；欲有所刊落，则不合定程。其中还有假想的节目，无人研究出的阶段，在书贾固只得将就敷衍，在大才也觉得手足束缚。我希望教育部把这种标准放宽些，而对于审查上更用心些。才可算是重其所重，而轻其所轻了。

近来教育部把中学历史分作本国史、外国史，我也莫测其用意。虽然中国与本国两名词不同，只有民国才是严格意义下的本国。但这层毛病还小，不要管它，专想想它所谓外国史。外国史一个科目，以我所见闻，诚不知道除中国外那一个有这样说法，这样教法。历史当然要有个地方范围。有地方范围，才能叙说人文演进、人事变迁之意义。外国真不成一个历史的体（entity）。以外国为范围，这历史怎样写法呢？这位制法者之心中，必以为外国史如下式：

世界史减去中国史等于外国史。

那么，我们看看这书怎么写。以国别为次，还以时代为次呢？若以国别为次，这样外国史简不成了一部通志的四裔传，显然不像话，也没法教人。无论何人，只要是试着编历史教科书的，当不如此。想来总是以时代为次的。既以时代为次，正在那里谈罗马全盛时代，忽然转到倭奴之耶马台国；正在那里谈罗马法王制服日耳曼族之罗马皇帝，忽然转到突厥之强大，如何可以免于语次无伦之病？诚然，在善于叙述者可以调剂一下，使这样的不使减少，然而文化的统绪、历史的继续性，必受此规定之障碍。须知世界上的国家民族虽多，而文化的统绪并不多。"西洋"一个名词，本来可包括欧、非、西亚，且印度与此系之关连也比与中国稍深些。然则历史尽可照旧分成"中国史""西洋史"。如此，既可以明了西方文化因革的脉络，并可以表显中国文化的地位，因为东亚、中亚的历史，大可附见中国史中。他们在文化上本是中国的四裔；在历史上，也仅是中国的卫星而已。若将这些个自中国史中删去而与西洋混入一书，既失自然之位置，又无端减削大汉之地位，诚不可解。

四 编历史教科书的一个基础则律

照常识说，十件事都说不明白，不如一件事说得明白，较为有益。凡一切有头无尾的事，不能启发的事，不能引人生深切印象的事，在教育的价值上都是很有问题的。然则历史一科，若想不使学生生反感，而收到设此一科的效用，与其多说些事，而说不明白，不如少说些事，而说得明白。现在编教科书者，格于制定标准，有些事，不得不说，其情可原。但因此发生的弊端，总要设法改正才好，无论由教部方面，或编者方面。

我觉得编历史教科书，应该依据上文第三节所说三种选择标准，运用下列一个原则：

> 在规定之字数及时限内，将历史事件之数减少到最少限度，将每一历史事件之叙述，充分到最大限度。

由此原则，自然要引申出下列几个方式：

一、所含之题目（Subjects）比现存者应大大减少，但字数或者应该增加。

二、人名、地名、官名都减少到最少限度。每一地名，必见于附图。其今不知其地理者，亦应在地图上注明"无考"。每一官名，必注明它的职掌或级别。

三、充分利用年表、系表、沿革表及其他各种图表，容纳纷纭的事实、中学生读来无兴味的材料。如此，则叙述的正文中可以不致如京都江海之赋，只是些私名，学生对之自然要增加兴味了。

四、一件重要事件，叙述上应该不惜详尽，应该把"故事""传记"的艺术作用，酌量引到教科书的正文中。

五、若干历史事件，前后相关者，可以据其意义联贯说之。如西汉初年的国内大事，第一段是削平异姓诸王，第二段是除诸吕，第三段是削弱同姓诸王。若把这些事都当作独立的事看去，自然要分节叙述，若把它们看作"汉初皇帝政权之安定化"过程中之三个阶段，由远及亲，一步一步的来，至武帝而完成，或者化零为整，读者不嫌破碎了。

五　活的教科书

照上节四五两项所说，我们所要求的是一部活的历史教科书。（一）将散碎的事件，连贯起来，执其要领。历史事件虽多，而一个时代的政治与文化之趋转，在大头绪本不多的，抓住要害，自可应付众多史实。（二）将民族中伟大人物的性格行事，皇帝却不可要或少要。选几个形容出来，将民族兴亡中的若干壮烈的事件选几条叙述清楚，才是把有意义的历史知识供给于学生，不强似说了一朝又一朝，提过一人又一人？（三）将文化演进的阶段，上下连贯起来叙说之；必要时，可以打破朝代的限制。

总而言之，学校中历史科固需辅助读物，教科书本身总当是一部有形体、有神采、能激发人、能锻炼人的书。不当将教科书本身编得难收效果，却把一切推在辅助读物上。

六 辅助书

辅助读物是一事，我今天不谈。教本的辅助书又是一事，我现在说出两种来。

一是读史图像。编历史教科书者，应该搜集一切最有助于了解史的图像，编为一书。列如石刻中的永乐中奴儿干都司碑、锡兰发见之郑和碑；金刻文中如令敦、宗周钟、小盂鼎（大致如郭沫若所释）、虢季子白盘、秦权、莽量等；其他文字品，如重要的汉晋木简、唐皇帝劳问沙州张氏的玺书、正德中在西边建喇嘛寺的诏书、万历中封日本国王的敕书，诸如此类，举不胜举。今人好谈造纸与印刷术，然则何不将自殷、商甲骨文字至当代报纸，一个大演进过程中：（一）各种字体；（二）各种书写之材料，自甲骨至机器纸；（三）各种书式，如汉代简书、唐代写本、宋印宋装的《文苑英华》、活字本、明末线装书等等，一齐用图像形容出来？至于生活状态，美术演进，尤靠图像，是不消说的。如此一个辅助书，可以代替十万字的叙述，并且可以增加十倍的兴趣。不过编这书不是容易的事，胡乱剽窃一阵，什么孔子像啦、汉武帝像啦，前者本是后人想象，后者尤不知来历何若，是不信实，且没有作用的。

二是读史地图。这件东西的需要不消说的，可惜现在为学校中之中国史，没有一部适用的。杨惺吾的自然仍旧是最好的，虽然有些也是乱画，不过他的体例是绝不适用于学校教科的。日本图中，我见的有箭内亘者，这书比学校用的中国制造好得多，但错误仍多，且亦不适于中国人用。我随便举一点，以征中国人画此类图之不经意。一个朝代的疆域，前后变迁是很大的，如汉朝文帝时与武帝末年大不同，武帝末年又与《汉志》所载西汉末年颇不同。如画一个汉代疆域图，必须注明适用于何一年，岂可注明大约年数？不记年数的一代疆域图，是简直不通的。制读史地图，实在是一件极难作的事。然若没有一部好图，教科书如失左右臂一般，而教授上又必感受极大麻烦。

我希望编历史教科书者，同时编这两件东西。

七 编西洋史教科书时应注意的几个大题目

依上文第三节所举三个标准编西洋史，可以省略许多西洋人的西洋史中题目。本来我们既接受西洋文化，自应注重西洋历史。然而这是专门科目，中国人虽然绝不当自暴自弃，以为做不成西洋史学家，但我们学校的西洋史当然要和英、美人不同。即就欧洲论，各国的历史教本内外出入也不同。自西欧言之，五世纪以后的东罗马帝国，关系甚少，故教科书记载极略，每每的但在记十字军、记土耳其时带着一笔。然近代希腊与保加利亚、罗马危亚等国之观点，当然与此不同。以此为例，封建的德意志中若干事件与我们什么相干？西罗马一代一代的皇帝世谱，与我们有何关涉？照抄西欧各国学校中的历史教科书，借用 Robinson 与 Breasted，似都不是办法。

照我们国家教育的立场言，学校用的西洋史，或者可以下列诸事为纲领：

远古史：说明各地远古文明之起源及演进之阶段，以为希腊、罗马、波斯、大食诸史之基石。

古代史：希腊、罗马之政治的、社会的演进，文化之总积及其遗留于后来西欧、东欧、西亚、北非之人文的传袭（Legacy）。

中代史：旧文明族与新武力族之渐混合及其混合之效果；西方文物与东方（近东）宗教之接触；近代文明最基本层之建立。

近代史：（1）欧洲民族之稳定（言未为大食蒙古所践踏）；（2）精神的解放；（3）物质的扩张；（4）科学思想之发展；（5）近代民族之长成；（6）人权思想与经济思想；（7）世界之缩小；（8）最近代文明之不安定形态。

这是我今夕所想到的一个纲领，不敢说无毛病。然中国学校的西洋史，总当是举大遗细的西洋史，并且是为中国用的西洋史，似乎是没有问题的。

八　民族主义与历史教材

本国史之教育的价值，本来一大部分在启发民族意识上，即外国史也可用"借喻"的方法，启发民族意识。历史一科与民族主义之密切关系，本是不待讨论的。当前的问题，只在用何方法使历史教育有效的、有益的启发民族思想。我觉得下列几条似乎人人都知道采用，如用得小心，也并无毛病。

（1）说明中国人对世界文化上的贡献。

（2）亲切的叙述历代与外夷奋斗之艰难。

（3）亲切的叙述国衰、国亡时之耻辱与人民死亡。

（4）详述民族英雄之生平。

（5）详述兴隆时代之远略。

不过，若是说过了火，既害真实，亦失作用。对青年是不应该欺骗的，治史学是绝不当说谎的。譬如造纸、印刷诸事，诚当大书特书，然若以为价值与发明蒸汽机相等，则近于妄。又如张衡的测地震器，固是一段佳话，然若与盖理律之发明并论，尤近于诬。好在中国历史本有其大光荣，爱国者不必言过其实，只说实话，即足以达到它的目的，又何苦在那里无中生有，说些不相干，培养国民的夸大狂呢？我们应该借历史锻炼国民的自重心（不是自大心），启发强固的民族意识，以便准备为国家之独立与自由而奋斗。同时我们也应该借历史陶冶文化大同思想，使中国人为世界文化之继承者、促进者。如此乃是泱泱大国之风，不为岛夷，不为索虏。

容纳民族思想于历史教材中，但当以事实启发，不当以言辞耳提面命。历史之用，本在借喻于行事，又何必于其中"托诸空言"。常常有很足以启发民族意识的事，或为教历史一科者所忽略。姑举几例。靳准、冉闵之品格本不足道，然其屠戮胡虏之行为，极足以形容西晋亡后胡晋相仇之情景，晋人民族意识之深刻化。作高中教科书者，对此等事皆一字不提。此犹可曰事属微细，请言其较大者。晋南渡后，自桓氏起，几以做皇帝为规复中原之酬劳品，而刘裕之功烈，实不在东罗马帝茹斯丁下。当时士人心中此一极重要之思想（规复中原），我一时所查到之教科书中似皆未充分叙述出来。此犹可曰其中支节太多，请言其更大者。明祖建国，本附韩宋。韩宋建国，虽托弥勒佛，终以恢复宋统为最大口号。虽世人皆知其非赵氏之裔，然建号承统，人心归附，本是一场民族革命。此中意义，绝不在清道咸中天德太平一派人运动之下。而且，韩宋兵力所及，亦有可观，在大都未下时，先打破了上京（多伦）。这一派是不当与张士诚、方国珍齐看的。郭子兴、明太祖原都是此一派中的将领，明太祖奉其朔十余年，虽王业已隆，犹于其国中发号施令时，用"皇帝圣旨吴王令旨"之公式。及韩氏沉于瓜步，朱氏仍吴王之称，未建国号，"事等于监国"，其曰吴元年者，犹是"古者诸侯各于其国称元年"之义。元之二臣降朱氏者，始教以不拜军中所设宋帝御位，以后此等二臣，恰是明初年立制修史之人，乃尽泯此民族革命的踪迹，而朱氏亦渐忘其革命的立场，自居于胡元之继承人矣。然此等事迹，实民族奋斗史中第一等重要材料，决不在太平天国革命之意义以下。今之作历史教科书者，竟于此一字不提，远袭元二臣降明者之自损尊荣，近取清人著述之帝胡寇汉。王鸿绪曰："元为正统，明为龙兴"，未免缺少认识。

九　结　语

我答应了叶溯中先生写此一文，一月中非甚忙即小病，直到最后的今日，才赶两夕的工夫成此一篇闲谈，聊以塞责，决不敢以为定论。此题目中我要说者，写出不及一半，其余只好将来在别处写了。

最后一句话：编历史教科书，大体上等于修史，才、学、识三难皆在此需用，决不是随便的事。以榜样论，司马涑水的《通鉴》，本是一部教科书，是一部造诣到绝顶的教科书。不过那部书是为"资治"用的，今之教科为训练国民用，目的不同；那部书为皇帝大臣士大夫立言，今之教科对青年说话，对象不同而已。遵原则以选择史事，尽考索以折中至当，正是作教科书者所当追步。"高山仰止，景行行之"，幸作教科书者留心焉！

（1935年）

导读 病态、政府、责任，这些词语常常能够出现在傅斯年谈教育的文章中，病态体现他的批判精神，政府是他批判的主要对象，而责任是他作一名知识分子本分所在。

漫谈办学

现在全国学校在病态中，是无可讳言的。造成这个苦境的因素，当然原因不一，有的属于政治，有的属于经济，有的属于时代的动荡，但也有不少由于教育行政和学校当局的措施。诚然，在政治不上轨道、经济濒于崩溃的情况中，办学是很不容易的，但这并不能作为学校当局不努力、不尽责任的理由。因为天下太平，便不需要人的特别努力，越困难越要努力。人类的进步正在此！文化的积累都是由苦难中创设起来的。凡办一件事，要办好，只好不问它的大前题。只有哲学家好问大前题，所以事情就在大前题的思考中停住，办事的人若先问这个时代办这个事是不是合宜，是不是可以为环境使得前功尽弃，那只有不办好了。天下事都是从大处盲目中努力出来的。这时候办学的困难，诚然是极难，但也不能因办学难就不办。要想纠正现在的颓风，我想，要是从下列四项着手，也不是得不到结果的。

第一，政府应尽政府所当尽的责任。现在政府对于教职员的待遇，每月的收入，高级的不过可以够小家庭一家吃青菜淡饭之用，衣、住、疾病、子女教养，完全不在话下；低级的不过够十天二十天的吃饭。这样情形，希望他们能抖起精神来教书，实在是不合情理的。又如既办一个学校，必须有它的最低限度的设备，尤其是理、农、工、医各科。前几年抗战期中，在后方新办的学校，有时它的设备就是一张招牌而已。教员是灾官，学生是难民，衣食无着，又无课本可读，希望它不闹事，实在是不近情理的事。老子说："虚其心，实其腹，弱其志，强其骨。"现在竟是"实其心，虚其腹，强其志，弱其骨"。这样文化膏药，是玩不灵的，政府在今天必须调整教职员之待遇，不要视之如草芥，这道理尤其应该请行政院院长宋公明白。此外又必须给各学校以最低限度的设备，否则名不副实，实在误人子弟，而且闹起事来，更自误了。我们北京大学的教授，自国民政府成立以来，后来没有为闹待遇而罢课、而发宣言，这是我们的自尊处。但若宋公或他人以为这样便算无事，可就全不了解政治的意义了。

第二，学校当局应尽学校当局的责任。现在的学校当局，实在等于几千人或几百人的家长，一天到晚，油盐柴米，啰唆不穷，面对面黄肌瘦的教员，惨剧层出不穷，实在是难过的生活。虽然如此，校长与教授仍然必须拿出他们为青年、为人类的服务心来，如其不然，学校是假的。一个学校，不能名副其实，不如不办，免得误人子弟。所以学校当局在一切事上应尽最大的努力，苟利于学校，虽无所不为可也。对于学生，应存爱惜而矜悯的态度，他所要求，有理的，不必等他要求，就可以做；无理的，开导他，训诫他，乃至惩罚他，都可因事情之轻重而定，但决不可以疏远他，怕他。一怕，事情便颠倒了；一疏远，便不能尽教育的责任了。

第三，学校必有合理的纪律。这些年来，学校纪律荡然，不知多少青年为其所误，风潮闹到极小的事，学生成了学校的统治者。这样的学校，只可以关门，因为学校本来是教育青年的，不是毁坏青年的。大凡学生闹事可分两类，一、非政治性的，非政治的风潮，每最为无聊，北大向无此风。二、政治性的风潮，政治性的必须要问是内动的或外动的。……

第四，学校必有良好的学风。这个良好的学风，包括自由的思想，规律的行动，求学的志愿，求真的信心，师生相爱的诚意，爱校爱国爱人民的心愿。没有自由的思想，便没有学术的进步；没有规律的生活，便没有学校的安宁；

没有求学的志愿（兼括师生），便是一个死症；没有求真的信心，一切学术皆无安顿处；没有师生相爱的诚意，哪里还会发生任何作用？宽博的胸襟，爱人的气度，坚贞的风节，乐善疾恶的习惯，都是造成良好的学风所必需的。我这几个月负北京大学的责任，实在一无贡献，所做都是些杂务的事，只有一条颇堪自负的，便是"分别泾渭"，为北京大学保持一个干净的纪录。为这事，我曾对人说，"要命有命，要更改这办法决不可能"，所以如此，正是为北大将来的学风着想。学风一事，言之甚长，今姑止于此。

（1946年）

导读 这是一篇有价值也很有趣的文章，傅斯年建议应将游民教育改为能力教育，将资格教育改为求学和做人教育，将阶级教育改为机会均等教育，将幻想教育改为现实教育。这些改变的目的是使学校成为培养健康人格和知识的场所，而不是一个负责发证的机关，社会在人才选择上也应以人的品德和能力为标准，不要出现某种歧视的用人制度，这在今天尤为重要。

一个问题——中国的学校制度

中国的新教育制度始于庚子年以后，当时的《学堂章程》是抄日本的。民国改元，稍许有些改变，但甚少。直到1921年光景，才大改特改，改的方向可以说是模仿美国，更正确些，是受美国的影响以后经常有些小改动，改动的动力，大体来自教育部。凡是一位新任教育部长上任总当有一番抱负，经久之后，便有一番作为，这样作为，每每是抒发自己的理想，这理想或者来源于他的留学时代的环境或者来源于他的哲学。此外一切可以影响教育部长的人，也多能如此发生效力。但全盘的改，乃至彻底的检讨，是不容易办的，所以也就因而不办，然在旧有的不改动一个大前提之下，再添上些新的，却是"轻而易举"，所以也就这样办。即如中学课程添了又添，添到世界无比的高深（章程上），大学制度又像美国（学分制）、又像大陆（学期制），都由于这个缘故。所以中国学校制度好比地层，要待地质学家查勘他是如何积累出来的。

我们现在在这个岛上，正是检讨过去一切的时候，正是我们出问题给自己的时候。我们的挫折的缘故在哪里，我们要检讨。我们万万不可再不问不思的一味因袭旧脾气，因为实在因袭不下去了——假如要存在的话。在这一个局势之下，我用我相信的道理办台湾大学。因为办台湾大学，想到中国整个的学校制度，这一篇文，是出题不是作答案。

我们这些年来使用的学校制度既是累积的地层，而不是深思善改的结果，在今天，我们的教育是怎样影响社会？我们要先问，现在的学校制度有没有毛病，这当然就他的效果说。我想有的人回答这个问题时认为有毛病，也有的人认为大致可以。可以不可以，原是比较之词，假如中国走经济的上坡路，"天下太平"，有广大的新地可以移民，有工业可以缓进，我们也许觉得今天的学校制度无大毛病。即如美国，他的学校现状（不能说制度，因为没有划一的制度）也有很多很基本的毛病，许多教育家、社会学家、哲学家在忧心中检讨，然而美国一直飞腾走经济的上坡路，加以美国社会没有中国的科举遗毒、官样文章、唯名主义、拖延困难主义，所以我们在远方的只见美国教育之发达。假如美国走下坡路，他那教育作风、学校办法，恐怕要千疮百孔的暴露出来。……

针对现局中之弊端，作为改革的原则，我一时想到的有五项，如下：

第一，现在是层层过渡的教育，应改为每种学校都自身有一目的。入国民学校为的是什么？当然是为升入初中了。入初中为的是什么？当然是为升入高中了。入高中为的是什么？当然是为升入大学了，入大学又为的是什么？当然为一张大学文凭，作为资格了。假如研究院设得多，还要政府公费入研究院。一句话，一切学校都是过渡学校，今天过渡到大学毕业为满足，不然不满足，将来"学术发达"，还要过渡到研究院毕业为满足，不然不满足。如此下去，社会是不会健康的，学校成了变相科举，是不能建立近代型的国家的。

这个事实，使得一切办学校的感觉困难，学生在校以升学为目的，不以求学为目的，于是应做的事不易做通，不必做的事，须做许多，这在中学尤其不了。

为改变这个风气，必须每一种学校有他自身的目的，毕业后就业而不升学者，应为多数；升学而不就业者，应为少数。每一种学校，既有他自身的目的，则在课程上、训练上，应该明明表现出来，必须使大多数学生毕业后不至于不能就业，才算成功。至于有业可就与否，则乃一社会问题。

第二，现在是游民教育，应当改为能力教育。因为一切学校成了过渡学校，一切教育成了资格教育（即当年所谓"混个功名"），自然所造出来的寄生者多，而生产者少了。唐朝的韩愈辟佛，专从社会问题出发，当时的和尚、尼姑、道士、道姑是逃避兵役、逃避劳动、逃避租税的人，弄得遍天下都是。于是韩愈大大叫苦说：

> 古之为民者四（士、农、工、商），今之为民者六（加上释、道）。……真……农之家一，而食粟之家六；工之家一，而用器之家六；贾之家一；而贵焉之家六；奈之何民不穷且盗也？

他忘了一件，"士"也太多了，也是消费生产的。凡在社会上无用的，便是社会的寄生虫，寄生虫是要吃死他所寄生的主人的。

历史上的科举制度造出了些游民，为数究竟还少，然而在家也够鱼肉乡里的了。学校承袭科举制造游民的效能，学校越多，游民也越多。毕业之后，眼高手低，高不成，低不就，只有过其斯文的游民生活，而怨天怨地。这些高等游民有些忽然大"得意"，更鼓动一般人做游民。

针对这个毛病，学生在各级学校，应受到能力的训练。所谓能力的训练，就是生产力的训练，和文明社会必要的技能的训练。

第三，现在的学校是资格教育，应该改为求学教育和做人教育。

读者或者觉得我这一条说得奇怪，现在的学校难道不是为的求学吗？当然，无论如何坏的学校，总有一部分学生在求学，然而整个的看，这样艰难的课本，能达到求学的目的很大吗？这样的教法，能达到求学的目的很大吗？所以一入学校，第一件事是升级毕业，最后一件事也还是升级毕业。先生不好，无所谓，设备不好，更无所谓，只有毕业文凭乃真是要紧的。至于如何陶冶性情，更不在话下，这当然不可一概而论，但这样确是不少的。

第四，现在的学校是阶级教育，应当改为机会均等教育。

所谓一切人一齐平等，本是做不到的，因为天生来在禀赋上便不平等。一因为贫富的差别，或者既得利益的关系，使禀赋与学力能升学的不升学，不能升学的反而升了，确是不公道，而且在近代社会中必是乱源。因此，社会上的待遇和地位，虽无法求其绝对平等，也不应求之过远，然机会均等却应为政治的理想。所谓机会均等，并须先有教育机会均等作根本。

其实教育机会均等也是不容易的。国民学校是义务教育，当然可以说是相对的均等，虽然不能说是绝对的均等，因为学校也有好坏，有人是有选择力，有人是没有的。但政治总是论大致的，义务教育若真能普及，也可以说在这一阶段是均等了。以后呢？人初中无法均等，至少目前如此，因为这受家庭和地域的影响最大。但初中以后，总当尽力使其接近教育机会均等的原则。其办法一面是由地方，社会，或学校，广设贫苦子弟升学奖助金，使穷人的子弟真好的能升学，一面是严格限制胡乱升学，使有钱有势的人而不够程度的不能升学。

第五，现在的学校颇有幻想成分，我们应当改为现实教育。

我们要问：

一、我们这一套学校，照它的性质，照它的数目比例，为的是什么？

二、我们这套学校，抗战以来越来越多，可曾于创办前想到师资从哪里出来否？

三、我们这一套学校，学生毕业之后，究竟能有多少就业？就业成效如何？可以不为社会之累赘否？

四、我们这一套学校，曾用何种方法使它一校有一校之作用，而不仅是挂牌子发文凭？

五、我们国家的人力物力能办多少？办了后，能否增进人力物力，以便再去办？

这些问题，不过举例而已，假如对这些问题不能作一自信的答案，那么其中含有幻想的成分大约不免罢？

以上的五个原则是一个大问题。由这个大问题，产生很多并不小的问题。这些问题，我以为在今天是值得想想的。……我为这些问题近来写了一篇两万字的文，现在把其中的总问题一部分节略写下来就是这篇短文，希望大家对这问题想想换我自己，也只是想到问题，还不能有满足自己的方案。

（1950年）

┃**导读**┃　五四时期，讨论人生问题的文章很多，尤其是在《新青年》《新潮》等刊物上。傅斯年是新文化运动的主要参与者，是《新潮》的创办人之一，也是五四运动学生游行队伍的总指挥，他对于人生有独到的见解。写这篇文章时，他只有二十五岁，处在人生最富激情、最"狂妄"的时期，但我们从中依然能够看出他的理性，他的严谨。

人生问题发端

　　人生问题是个大题目，是个再大没有的题目。照我现在的学问思想而论，决不敢贸贸然解决他。但是这个问题，却不能放在将来解决；因为若不曾解决了他，一切思想，一切行事，都觉得没有着落似的。所以不瞒鄙陋，勉强把我近来所见，写了出来，作为我的人生观。还要请看的人共同理会这个意思，大家讨论，求出个确切精密的结束。我这篇文章，不过算一种提议罢了。所以题目就叫作人生问题发端。

　　一年以来，我有件最感苦痛的事情：就是每逢和人辩论的时候，有许多话说不出来——对着那种人说不出来；——就是说出来了，他依然不管我说，专说他的，我依然不管他说，专说我的。弄来弄去，总是打不清的官司。我既然感着痛苦，就要想出条可以接近的办法；又从这里想到现在所以不能接近的原因。照我考求所得，有两件事是根本问题——是一切问题的根本，是使我们所以为我们，他们所以为他们，使他们不能为我们，我们不能为他们的原动力。第一，是思想式的不同。第二，是人生观念的不同。这两件既然绝然不同，一切事项，都没接近的机缘了。就思想而论，我们说"凡事应当拿是非当标准，不当拿时代当标准"；他们说，"从古所有，乌可议废者。"就人生而论，我们说，"凡人总当时时刻刻，拿公众的长久幸福，当作解决一切的根本"；他们说，"无念百年，快意今日。"这样的相左，哪能够有接近的一天？要是还想使他同我接近，只有把我这根本观念，去化他的根本观念；如若化不来，只好作为罢论；如若化得来，那么就有共同依据的标准了，一切事项可以"迎刃而解"了。什么"文学的革命"、"伦理的革命"、"社会的革命"……虽然是时势所迫，不能自己；然而竟有许多人不肯过来领会的。我们姑且不必请他领会，还请他"少安勿躁"，同我们讨论这根本问题。

这根本问题是两个互相独立的吗？我答道，不但不能说互相独立，简直可以说是一个问题，是一个问题的两面。有这样特殊的思想式，就有这样特殊的人生观；有那样特殊的人生观，就有那样特殊的思想式，两件事竟断不出先后，并且分不出彼此。要是把这两题作为一体，往深奥处研究去，差不多就遮盖了哲学的全部。但是这样研究，作者浅陋，还办不到；而且实际上也没大意思，不如就形质上分作两题，各自讨论。所有思想式一题，等在本志第三号上讨论去。现在把人生观念一题，提出来作个议案罢。

一

我们中国人在这里谈论人生问题，若果不管西洋人研究到什么地步，可就要枉费上许多精神，而且未必能切近真义。因为人生的各种观念，许多被人家研究过了，尽不必一条一条的寻根澈底；径自把他的成功或失败，作为借鉴，就方便多了。所以我在评论中国各派人生观念以前，先把西洋人生观念里的各种潮流，约略说说。一章短文里头，原不能说到详细，不过举出大纲领罢了。

Ludwig Feuerbach 说："我最初所想的是上帝，后来是理，最后是人。"这句话说的很妙，竟可拿来代表近代人生观念的变化。起先是把上帝的道理，解释人生问题。后来觉着没有凭据，讲不通了，转到理上去。然而理这件东西，"探之茫茫，索之冥冥"，被Intellectualists和其他的Classical Philosophers讲得翻江倒海，终是靠不着边涯。于是乎又变一次，同时受了科学发达的感化，转到人身上去。就是拿着人的自然，解释人生观念；——简捷说罢，拿人生解释人生，拿人生的结果解释人生的真义。从此一切左道的人生观念，和许多放荡的空议论，全失了根据了。我们考索人生问题，不可不理会这层最精最新的道理。

人对于自身透彻的觉悟，总当说自达尔文发刊他的《物种由来》和《人所从出》两部书起。这两部书虽然没有哲学上的地位，但是人和自然界、生物界的关系——就是人的外周——说明白了。到了斯宾塞把孔德所提出的社会学，研究得有了头绪，更把生物学的原理，应用到社会人生上去，于是乎人和人的关系，又明白个大概。后来心理学又极发达，所有"组织"（Structural）"机能"（Functional）"行为"（Behavioristic）各学派，都有极深的研究；人的自身的内部，又晓得了。这三种科学——生物学、社会学、心理学——都是发明人之所以为人的。生物学家主张的总是"进化论"（Evolutionism），从此一转，就成了"实际主义"（Pragmatism）。法国出产的"进化论"（Evolution Creatrice）也是从进化论转来。什么Life Urge和Life Spirit虽然一个说科学解释不了，一个更近于宗教，然而总是受了进化论的影响，并且可以说是进化论的各面。这并不是我专用比傅的手段，硬把不相干的，合在一起，其实各派的思想，虽是"分流"，毕竟"同源"。所以B. Russell在他的Scientific Method in Philosophy里，竟把这些派别归为一题，叫作进化论派。

Eucken在他的Knowledge and Life里，也常合在一起批评去。我把他合在一起的缘故，是因为都是现代思潮一体的各面，都是就人论人，发明人之所以为人，都不是就"非人"论人。我们受了这种思潮的教训，当然要拿人生解决人生问题了。

但是现在为说明之便，却不能合拢一起讲下去，只得稍稍分析。论到小节，竟是一人一样；论大体，却可作为两大宗。第一，是生物学派；第二，是实际主义派。现在不便详细讲解他，姑且举出他们两派供给于人生观念最要的事实罢了。

生物学派，拿自然界作根据，解释人生。他所供给人生观念最切要的，约有以下各条：

（1）使人觉得他在自然界中的位置，因而晓得以己身顺应自然界。

（2）古时候的"万物主恒"之说，没法存在了。晓得各种事物，都是随时变化的，晓得人生也在"迁化之流"（A Stream of Becoming）里头，可就同大梦初醒一般，勉力前进。许多可能性（Possibilities）、许多潜伏力（Potentialities），不知不觉发泻出来。现在人类一日的进步，赛过中世纪的一年，都为着人人自觉着这个，所以能这样。

（3）古时哲学家对于人生动作，多半立于旁观批评的地位，没有探本追源，而且鼓励动作的。自从"生存竞争"发明以后，又有了"生存竞争"的别面——"互助"，一正一反，极可以鼓励人生的动作。这个原理仿佛对人生说道，"你的第一要义就是努力"。

（4）古时哲学家的人生观念，有时基于形上学，尽可以任意说去，全没着落。生物学派把这些虚物丢掉，拿着人的地位一条发明，尽够弃掉各种"意界"的代价而有余。从此思想中所谓"想象的优胜与独立"（Imaginary Superiority and Independence）不能存在，总须拿人生解释人生问题。这样一转移间，思想的观念变了，人生的观念变了。因为思想从空洞的地方转到人生上，人生的范围内事，多半被思想揭开盖了。

（5）看见人类所由来的历史是那样，就可断定人类所向往的形迹必定也是那样。所以有了尼采的"超人"观（Uebermensch）。尼采的话，虽然说的太过度了，但是人类不止于现在的景况，却是天经地义。从此知道天地之间，是"虚而不屈，动而愈出"。人生的真义，就在乎力求这个"更多"，永不把"更多"当作"最多"。

　　以上都是生物学派所供给的。但是专把生物学解释人生，总不免太偏机械的意味。斯宾塞也曾自己觉得他的生活界说不切事实，说："生活的大部分，不是生理、化学的名词能够表现的。"所以从生物学派更进一层，就是实际主义的说话。现在把这主义给人生观念最要紧的道理，写在下面：

　　（1）生物学派的人生观念是机械的，实际主义的人生观念是创造的。

　　（2）哲姆士说，"精神主义的各种，总给人以可期之希望，物质主义却引人到失望的海里去"（James, Pragmatism p.108）。生物学派的主张虽然叫人努力，但是极不努力的道理，也可凭借着生物学家的议论而行。实际学派感觉着这个，把"软性"人和"硬性"人两派哲学外表的相左揭破了，事实上联成一个；一边就人性讲得透彻，不像理想家的不着边涯；一方说"道德生活是精神的，精神是创造的"（Greative Intelligence P. 408），不像生物学派讲得全由"外铄"。这类的人生观念，是科学哲学的集粹，是昌明时期的理想思潮和十九世纪物质思潮的混合品，是在现代的科学、社会生活、哲学各问题之下，必生的结果。

　　（3）古时哲学家总是拿宇宙观念解释人生问题，总不能很切题了；生物学家也是争生物原理解释人生问题，每每把人生讲得卑卑得很。实际主义却拿着人生观念，解释一切问题；只认定有一个实体——就是人生；不认定有唯一的实体——就是超于人生。所有我们可以知，应当知，以为要紧，应当以为要紧的，都是和人生有关，或者是人生的需要。供给人生的发达与成功的，是有用，有用就是真；损害人生的发达与成功的是无用（包括有害），无用就是假。这样抬高人生观念的位置，不特许多空泛的人生观念，一括而清，就是生物学派只晓得人生的周围，不晓得人生的内心的人生观念，也嫌不尽了。所以我们可以说实际主义是生物学派进一层的，是联合着生物学派，发明人之所以为人的。

（4）既然发明人生是制定思想上，道德上一切标准的原料，就可以拿人生的福利（Welfare）和人生的效用（Effects）去解决人生问题。从此人生的意义，脱离了失望，到了希望无穷的海；脱离了"一曲"，到了普通的境界；脱离了"常灭"，到了永存的地位。

照这看来，拿人生解释人生，是现在思想潮流的趋势。我们在这里研究人生问题，当然不能离开这条道路呵！

二

然而中国现在最占势力的人生观念和历史上最占势力的人生学说，多半不是就人生解释人生，总是拿"非人生"破坏人生。何以有这样多的"左道"人生观念呢？我想中国历来是个乱国，乱国的人，不容觉悟出人生真义。姑且举出几条驳驳他。

第一是达生观。这种人生观，在历史上和现在，都极有势力。发挥这个道理的人，当然以庄周做代表，阮籍的《大人先生传》和《达庄论》，也是这道理。这一派大要的意思总是要"齐死生，同去就"；并且以为善恶是平等的，智愚是一样的。看着人生，不过是一切物质的集合，随时变化，没有不灭的精神，所以尧、舜、桀、纣都没差别，"死则腐骨"。照这样人生观念去行，必定造出与世浮沉的人类。既然不分善恶，所以没有不屈的精神；既然没有将来的希望，所以不主张进化；既然以为好不好都是一样，所以改不好以为好只是多事；既然只见得人生外面变化，不见人生里面永远不变，所以看得人生太没价值了。照效果而论，这种达生观已经这样可怕，若果合于真理，尚有可说，无如拿真理解他，他并没立足之地。凡立一种理论，总要应付各种实事，但凡有一处讲不通，这理论就不能成立。我们是人，人有喜、有怒，有若干的情绪，有特殊的情操，有意志，有希望；拿这种达生观去应付，一定应付不下的。因为达生观忽略人性，所以处处讲不通了。达生观竟可以说是一种"非人性的人生观"。就以阮籍个人而论，总应该实行这达生观了；但是《晋书·本传》里说："籍子浑……有父风，少慕通达，不饰小节。籍谓曰，'仲容已豫吾此流，汝不得复尔。'"照这样看，阮籍竟不能实行下去。他爱他儿子，他不愿意他儿子学他，可见他这道理是不普遍的。不普遍的道理是不能存在的道理。然而大说特说，真是自欺。还有一层，照这达生观的道理而论，善恶是一样，一切是平等了；那么"大人先生"和"裈中群虱"是没分别，达生的和不达生的，是没上下，何以偏说"大人先生"好，"裈中群虱"不好？达生的好，不达生的不好呢？既然"一往平等"了，没有是非了，只好"无言"；然而偏来非那些，是这些，骂那些，赞这些，真是自陷。总而言之，解释人生真义，必须拿人性解去，必须把人性研究透彻，然后用来解释。如若不然，总是不遮盖事实的空想了。至于达生观所以在中国流行，也有几条缘故。第一，中国人是只见物质不想精神的。第二，中国人缺乏科学观念，所以这样在科学上讲不通的人生观念，却可以在中国行得通。第三，——这是最要紧的缘故——中国的政治，永远是昏乱。在昏乱政治之下，并没有人生的乐趣，所以人生的究竟，不可得见。忽然起了反动，就有了达生观了。

第二是出世观。出世的人生观有两种：一、肉体的出世。二、精神的出世。前者是隐遁一流人，后者是一种印度思想。中国历史上最多隐士，都是专制政治的反响，专制政治最能消灭个性；尽有许多有独立思想的人，不肯甘心忍受，没法子办，只有"遁世不见知而不悔"。什么"贤者避世，其次避地"啊，都是在昏乱时候。有时太平时代，也出隐士，看来似乎可怪。其实也是为着社会里政治里不能相容，然后自己走开。这样本不是一种主义。在实行隐遁的人，也并不希望大家从他。所以有这样情形，尽可说是在一种特殊境况之下，发生来的一种特殊变态，我们大可置而不论了。至于那一种印度思想，惑人却是不少。他们以为人生只有罪恶，只有苦痛，所以要超脱人生。揣想他的意旨并不是反对人生，原不过反对苦痛，但是因为人生只有苦痛，所以要破坏人生。照现在文化社会的情形而论，人生只有苦痛一句话，说不通了。更加上近代科学哲学的证明，超脱人生的幸福，是不可求的。什么"涅槃"（Nirvana）一种东西，是幻想来的。这也是在印度乱国里应有的一种思想，也是受特殊变态的支配，也是拿"非人"论人；不能解释人生的真义。

第三是物质主义。中国人物质主义的人生观，最可痛恨。弄得中国人到了这步田地，都是被了他的害。这种主义在中国最占势力，也有个道理。中国从古是专制政治，因而从古以来，这种主义最发达。专制政治，原不许人有精神上的见解，更教导人专在物质上用工夫。弄到现在，中国一般的人，只会吃，只会穿，只要吃好的，只要穿好的，只要住好的，只知求快乐，只知纵淫欲……离开物质的东西，一点也觉不着；什么精神上的休养、奋发、苦痛、快乐、希望……永不会想到。这样不仅卑下不堪，简直可以说蠢的和猪狗一样。一切罪恶，都从不管精神上的快乐起来。所以不管精神上的快乐，都因为仅仅知道有物质。这种观念，在哲学上并没有丝毫地位，原不值得一驳。我们只要想几千年前人类要是只有这种观念，必定没有我们了，我们要是只有这种观念，必定没有后人了。可见这观念和人生势不两立，那么当然不能拿他解释人生了。

第四是遗传的伦理观念。有人说，道德为人而生，也有人说，人为道德而生。后一层道理，已经是难讲得很。纵然假定人为道德而生，也应当为现在的、真实的道德而生，不应当是为已死的、虚矫的道德而生。在现在中国最占势力的人生观念，是遗传的伦理主义。他以为人为道德而生——为圣人制定的道德而生——不许有我，不许我对于遗传下来道德的条文有惑疑。硬拿着全没灵气的人生信条，当作裁判人生的一切标准。中国人多半是为我主义，这却是无我论。何以无我呢？因为有了道德，就无我了；有了道德上指明的"君"、"父"，就无我了；有了制定道德的圣人，就无我了。这道理竟是根本不承认有人生的，他的讲不通，也不必多说了。

这四种都是中国流行的"左道"人生观念。有人问我，何以这几样都算做"左道"？我答道，"因为他们都不是拿人生解释人生问题，都是拿'非人生'破坏人生，都是拿个人的幻想，或一时压迫出来的变态，误当作人生究竟。"其余的"左道"观念，尚是很多，一篇文章里不能一一说到，只要把"就人生论人生"一条道理当作标准，不难断定他的是非了。

三

既然"左道"的人生观念，都是离开人生说人生，我们"不左道"的人生观念，当然要不离开人生说人生了。但是不离开人生说人生——就人生的性质和效果，断定人生的真义——却也不是容易的事。想这样办，必须考究以下各条事实：

(1) 人在生物学上的性质——就是人在自然界的位置。

(2) 人在心理学上的性质——就是人的组织、机能、行为、意志各方面的性质。

(3) 人在社会学上的性质——这是人和人、个人和社会，相互的关系。

(4) 人类将来的福利和求得的方法。

(5) 生活永存的道理（The Immortalitiy of Life）。（我这里说生活永存，万万不要误会。我是说"生活的效果（Effects）"永存，"社会的生活"永存，不是说"个人的生活的本身"永存。）

照这五条研究详细，不是我这"发端"的文章应有的事。况且我学问很浅，也不配仔细述说这些。所以要做这篇文章的缘故，原不过提出这人生问题，请大家注意。请大家去掉"左道"，照正道想法去解决他；并不敢说我已经把他圆满解决了。但是人人都有自己的哲学，上至大总统，下至叫花子，都有他的人生哲学，我对于人生，不能没有一番见解。这见解现在却切切实实相信得过，也把他写了出来，请大家想想罢。

人生观念应当是：

为公众的福利自由发展个人。（我现在做文，常觉着中国语宣达意思，有时不很亲切。在这里也觉这样。我把对应的英文，写出来吧。"The free development of the individuals for the Common Welfare."）

四

我这条人生的观念，看来好像很粗，考究起来实在是就人生论人生，有许多层话可说。怎样叫作自由发展个人？就是充量发挥己身潜蓄的能力，却不遵照固定的线路。怎样叫做公众的福利？就是大家皆有的一份，而且是公共求得的福利。为什么要为公众的福利？就是因为个人的思想行动，没有一件不受社会的影响，并且社会是永远不消灭的。怎样能实行了这个人生观念？就是努力。这话不过略说一两面。我这人生观念，决不是两三行文章，可以讲圆满了的。但是多说了看的人要讨厌了，姑且抛开理论，把伪《列子·汤问》篇里一段寓言，取来形容这道理吧。

太行王屋二山，方七百里，高万仞，本在冀州之南，河阳之北。

北山愚公者，年且九十，面山而居。惩山北之塞，出入之迂也，聚室而谋曰："吾与汝毕力平险。指通豫南，达于汉阴，可乎？"杂然相许。

其妻献疑曰："以君之力，曾不能损魁父之丘，如大山、王屋何？且焉置土石？"

杂曰："投诸渤海之尾，隐土之北。"

遂率子孙，荷担者三夫，叩石、垦壤，箕畚运于渤海之尾。邻人京城氏之孀妻，有遗男，始龀，跳往助之。寒暑易节，始一返焉。

河曲智叟笑而止之曰："甚矣，汝之不慧！以残年余力，曾不能毁山之一毛，其如土石何？"

北山愚公长息曰："汝心之固，固不可彻，曾不若孀妻弱子。虽我之死，其子存焉。子又生孙，孙又生子，子又有子，子又有孙，子子孙孙无穷匮也。而山不加增，何苦而不为平！"河曲智叟无以应。

操蛇之神闻之，惧其不已也，告之于帝。帝感其诚，命夸娥氏二子负二山，一厝朔东，一厝雍南。自此冀之南，汉之阴，无陇断焉。

这段小说把努力、为公两层意思，形容得极明白了，"子子孙孙，无穷匮也，而山不加增，何苦而不为平"一句话，尤其好。我们可以从这里透彻的悟到，人类的文化和福利，是一层一层堆积来的，群众是不灭的，不灭的群众力量，可以战胜一切自然界的。末一节话虽荒唐，意思乃是说明努力的报酬。但能群众永远努力做去，没有不"事竟成"的。我们想象人生，总应当遵从愚公的精神。我的人生观念就是"愚公移山论"。简洁说罢，人类的进化，恰合了愚公的办法。人类所以能据有现在的文化和福利，都因为从古以来的人类，不知不觉的慢慢移山上的石头土块；人类不灭，因而渐渐平下去了。然则愚公的移山论，竟是合于人生的真义，断断乎无可疑了。

这篇文章，并没说到仔细。仔细的地方，我还要研究去，奉劝大家都研究去。研究有得再谈罢。

（1919年）

导读 这篇文章所谈是"五四"时期中国社会的前景问题。而这个时期恰恰是民国史上社会较为动荡、青年情绪波动较大的一个时期，傅斯年对于我们国家未来的展望，甚至对日本的评价，都颇有先见。

时代与曙光与危机

"时代是一个什么东西"？真是一句很难回答的话。想解决这个答案，不免牵动了许多方面，从形上学的见解，到常识。现在姑且以我这不曾学问的见识——因为我不曾学过社会学——下个解说，权当为这篇文章而作的设想罢了。

一个民族，或一团互相接触而具有大共同生活的若干民族，忽然生活上失了一个大渊源，或得了一个渊源，或由嬗变（Mutation）的缘故和遗传下的现状不尽合了，于是知觉界里起了一番对待的了解：这了解先从小小的地方漫漫散延，到了一个时期，便影响到一切上，而发生破坏与建设双扇的影响人生的运动；这个或这些民族所据的时候，就被这个了解染上颜色了，其中自不免还有别的颜色一齐下进染色缸里，不过染成的结果是个虽然夹杂而有一种"主要的"颜色。这个主要的颜色定这个时代。所以我们可以说时代是一种异样的——就是不和以前以后同的——生活所占据的垂直领域。

天地间的事物和道理没有一件是绝对的，是永久的，因为它们都随着时代染颜色，而时代又是不住的，所以为谋一身或一团或一族的生活，第一要认清时代，然后是非有标准可据。

请问现在是什么时代？我再做个不假学问的回答：是在一步一步以理性为

根据、要求平等的长时期中的一级。近世史是要求平等的历史。最初一步的宗教改革，是觉悟的宗教信徒，本着理性，向教会要求平等的运动。后来的政治革命，是觉悟的人民，本着理性，向政权的僭窃者要求平等的运动。然而僭窃者何尝专是帝王贵族绅士的高号呢，我们不劳而衣食的人。对于社会牺牲的无产劳动者也是僭窃者。将来他们革我们的命，和我们以前的人革帝王贵族的命是一种运动。所以这以前过了一小点，以后放着一大部的社会改造运动，不过是以往政治革命的补充，其意味没有两样。未来的究竟，仿佛悬着个无治的族。这有始有终的政治社会改造运动，从千年后看来，必然自成一个段落而号一个时代。至于运用这一个时代的精神在哪里呢？就是人人以"以社会为家"的理解。这句成语是希腊人的遗产。据我分析看来，有几层意思，第一，负社会的责任，拿作当唯一的责任，远在个人的家庭的责任心之上；第二，觉得社会有和家庭同样的恋爱力，不特不能离，且断乎不忍离，为他出力，不专希望成就取得报答，有不止不倦的心境；第三，把家族的亲密诚实无间、无拘无伪的意味推到社会上。有这番理解，然后人的动力可以充量发泄，而换到要求平等的效果。

罗马人说得好，"我们罗马人是一家人"。他们觉得罗马城里的事，大大琐琐都极切己，然后起了"朴雷伯之争"，然后成就了历史上的一番伟壮事业。希腊人有一种特别彩色，是极有趣味一句话。他们觉得一身的官能所接触的都是极有味的，所以凡事便奈何他一番，结果他们才变成极有趣味的人。他们的趣味是以宇宙的和自然的情绪为渊源，这情绪蕴积生衍的结果是个泛平等观，感情刺激动性，然后为平等的努力和要求。希腊各城内部的历史，就是这样的历史，把这副精神遗传到近代，才有近代史。近代民族在大体上说，不过是把希腊的和罗马前半的历史重新演一番，虽然近代比古代范围广些，问题复杂些，社会上摆列的次第颇不一样，而物质方面更有深浅的分别，但是其以"以社会为家"的理解为平等的努力和要求，却没有两样。"以'以社会为家'的理解为平等的努力和要求"——这一句话，是使历史的踪迹留得住的。请看东方民族所建的大国家，如成吉思汗的帝国，铁木真的帝国，钦察汗，莫窝儿，何以不留踪迹呢？只因为不是这一副民族的真精神，所以民族的踪迹留不住。历史上有个很动人注意的现象，就是凡一个亚利安民族，当开化之始必把这一副精神大大地发挥一番，希腊、拉丁、日耳曼各族不消说了，东方的印度族为平等的努力和要求，造成了许多恩物，它那副自然的宇宙的精灵的情绪，几乎比希腊人还深些，更把泛平等观推到超于物质的精神上，虽免不了渺渺冥冥，然更可表出亚利安族精神的伟大。再看近来开化的斯拉夫族——姑以俄罗斯人为代表——那一种和宗教精神一样魄力，而理解相反的郁结的泛爱，恰似希腊方开辟的年代。但历史上的亚利安人发挥这个精神，又和近代和现世有个不一样的现象，历史上的亚利安人最先是如此的，到后来吃饱了、发肥了、快乐了之后，便渐渐的变成个东方民族，就把这副民族的真精神丢掉。近代的亚利安各族和受亚利安化的各族，因为交通带着他们调和文化，使得他们平衡经济的享受和压迫，使得他们循一定的方向，科学使得他们了解群类生活的前因后果，更替他们开了一个奋兴的希望的大统系，所以他们能把这副精神保持住，不因为物质膨胀而丧失，并且推到已经消歇过的民族，使他返老为童，而且推到原不曾有这精神的民族，最后的结果——现在固未尝到——是各民族同赋了这个精神，而且永远保持。所以历史上的文化是一个民族独担的，担不起了，再让给别个。近代的文化是一些民族合伙担的，到后来谁也不许说"担不起了"。这个在文化上民族精神的共活，是近世现在和将来的时代的特征。

历史是记人的动作的。人的动作不外两种方向：一优越的要求，二平等的要求。罗马城内的争是下级对上级平等的要求，罗马城外的争是罗马人对外族人优越的要求。希腊各城内部的争是平等的要求，各城的互争是优越的要求。优越的要求是生物学上的遗传，所谓竞争之后最适者得余生。人却有个超于动物的理性和人的同情心，所以在前一种以上又有平等的要求，这两种要求在近代、古代都有的，不过有消长的关系。在古代，事迹多从优越的要求而出；平等的要求虽然力量和意味极大且长，而所占据的面积非常的小。近代是平等的要求向最大的面积伸张的时代，最后的结果——现在离着尚远——是社会上的"山渊平"，而一切的意味，差不多又和不曾进化的原人有个共同的根据地，至于精粗的不同是不消说的。所以世界的进化从原人到未来的究竟不是照着圆圈周而复始地进行，也不是直线地进行，乃是个抛物线。起点终点都在平地上，不过地点不同罢了。

转过来，看看中国现在是个什么时代。第一层，我们要粗略晓得它的前因；第二层，我们看看它的横切面；第三层，我们就民族的质性上，诊断诊断它的意义。就第一层说，我们须得从远处大略说起。凡研究中国社会上任何问题都不要忘现在的中国社会和运用它的素质，是被两千年的专制历史陶铸成的。从封建跳入新潮流，和从专制跳入新潮流，所得结果当然不同。封建诚然不是一个好制度，却还存着几分少数人自治的精神，不至于把黏土变成沙漠，把生长体变成机械，把社会的发育换作牛马群的训练。顾亭林论封建，几乎要把郡县变作土司一般的制度。这个主张在外表看来仿佛迂得可笑，若就他立论的意思着想，实在是"有感而发"，土司还比专制好；土司纵不能帮助社会的滋长，也还不至于把社会变成散沙一般的群众。在专制之下只有个人，没有什么叫做"公"的，所以在个人的责任心之外，不负个社会的责任心，原是当然。所以中国的社会大半是机械似的，不能自生自长自持自动，一切全由外力。《中庸》上孔丘说"人存政举，人亡政息"，这话很可推到中国社会上的现象。我并不是到现在还骂专制，我是因为专制的名字虽然被人唾弃了，而中国社会仍然是专制陶熔的，况且运用专制的质素，还深深地印在社会里人人心中，人人的习惯上，不得不把他指明，免得他瞒混过去，再去演罪恶。请看中国人崇拜政治的心理，可以知道他还不忘专制了。他总希望大人物出来，有所凭借而去转移社会，仿佛看得改造像运机器一般，而与培植树木发展体力的办法远。我说句鲁莽的话，凡相信改造是自上而下的，就是以政治的力量改社会，都不免有几分专制的臭味；凡相信改造是自下而上的，都是以社会的培养促进政治，才算有彻底的觉悟了。至于武人官僚、卖国团、安福俱乐部，都是历史上相传下来的积毒大发作——信机械力的人，其行事的结果必至于大溃决。现象是这样的，内质又是那样的，虽然把他的名字铸成众矢之的了，把他的流毒看做废气了，然而他的质素既已化作习惯，潜着运行而不及觉察，则我们不得不留他的神，以便处置他。我时常有个比喻，现在的中国人远远地望着了曙光，然而身上穿着袁世凯的祭服，要去跳进世界流去，这是中国现在的时代被他的前因支配的大概。

习惯的势力，是不能不承认的。它能使你觉着不是而改不了，或者竟把你的不是瞒蔽着不及察觉，"放下屠刀，立地成佛"——这是说觉悟的强大功能，这话我不能不承认它也有几分理由，然也有不尽然的。在有绝顶坚强意志的人或者可以如此，至于就大多数人而论，觉悟是不可全靠的，觉悟是未必停得住的，觉悟未必能另换一个人格出来，必把所觉悟的养成习惯然后"见诸行事"，所以觉悟之后不直接着就是完全的改行，其间免不了这习惯养成的一级。中国人从发明世界以后，这觉悟是一串。第一层是国力的觉悟；第二层是政治的觉悟；现在是文化的觉悟；将来是社会的觉悟。前两层——过去的——并不曾踏下根，养成习惯，还没有弄出点成绩出来，而已经急转直下了，自甲方面说，进步不可说不快；自乙方面说，觉悟还不曾养成行事的习惯，轻飘飘的，更不曾造出成绩，到现在所得的结果——就是从第二层觉悟入到第三第四层——只是一个精神的大解放，积久的权威能突然坠地，而新建设的活动力不能受前一层觉悟的恩物的帮忙。兼程并进的进取，何尝不是中国此刻所要求的，不过，分别看来，快走则可，隔着个墙跳过去，则不能。我以前很觉得跳墙的进取最便当，现在才知道社会的进化不能不受自然律的管辖，从甲级转到乙级，必须甲阶级试验失败了，试验它的人感觉着不彻底不圆满了，然后进入乙级，乙级的动作方有魄力，否则乙级建立在空中，力量必然薄弱。

读者不要误会我的意思：我绝对不主张不要急进要缓进，我是说我们不可不晓得前两层觉悟的无结果，很有些影响于后来的觉悟，这话很容易明白，中国人关于政治的觉悟所办出的成绩，不如理想所期之多，现在转到社会的觉悟上了，就甲方说，社会的改造不能凭借着政治革命所建立的成绩而厚其力量。就乙方说，政治革命还在葫芦提着，还算不曾做过彻底的试验。所以社会改造在政治改造身上找不到一个明白的目标而行其推翻。

请把日本做榜样，日本是在政治改造上有成效的，现在转到社会改造上了，就甲方看，政治上的建设有许多可借社会改造之用，如：因政治的力量、资本的经济大发展而有大工厂，一转就成了社会主义的发祥地——是一个好例。就乙方看，他们的人民眼看着政治改造彻底试验了，国也强了、富了，穷人更要没米吃，于是乎待政治而起的社会改造运动，必有极大的威猛，所以日本将来的社会改造定有力量。

我们晓得有这一层道理，那么，既知道社会改造运动的根基薄弱了，更要大家努力将持它，不可使它再随便葫芦题下去。原来中国人既受很长久的专制，逢事葫芦题也是在长久专制的支配之下，当然的现象，再加上中国人每于觉悟之后善于反动，到了现在，社会上真七岔八乱了。自从欧化到中国来，还不曾深深习染，先起了很强烈的反动，学术思想上的反动，可以章太炎为代表，政治上的反动当然以袁世凯为代表，远远地驮着专制精神的压力。近来又逢着思想政治的大反动，兼以中国人不曾有很强固的魄力搬运新潮流的思想，又极少以行事合着思想的一致精神，所觉悟不过仅在知觉界里放光明。于是乎现在这个时代所受之于历史的支配的显出个浮而紊的状态，浮是无根基，紊是若干头绪若干趋向涌于一时直到了这番的无领袖，不用手段的不计算结果的，才算真社会运动，才算把处置社会的真方法觉悟了。以后若抱着这个头绪，而以坚强的觉悟做根基，更须加上一番知识的大扩充做下去，便可渡过现状的难关了。

以上是就现在的前因上说，以下转到上文说的第二层，就是现在时代的横切面，说一说。

以前中国社会上有个很奇异的现象，就是上级的社会和下级的社会，差不多可以说是不接触，上级社会的政治法律礼俗等，影响不到下级社会；下级社会有他们自治的方法。现在这现象稍须变了，而另有一个可注意的现象出来，就是大城市和乡村或小邑的生活，在经济上、思想上、生活状况上、组织上、文化阶级上、习俗上截然不同，两者之间竟很少一些流通的脉络。为这个缘故，现在，定一个改造社会的——这个两截社会的——运动的方针，也竟非双肩不可——就是说办法上不能一致。我们在学校读书的人，每每把社会改造当件容易事；记者这次乡居和劳动者与农民交接了一番，才知道做去颇不容易：城市的劳动者恶习极深；农民的生活倒是很纯洁，其价值远在城市的劳动以上，不过经济上大不发展了，将来伴着他们经济的发展，就是恶习的增加。

记者现在主张，对于改造农民生活，尽可"卑之无甚高论"，只要帮助他们维持和发展他们固有的自治的意义，再灌上最小限度的知识，而以发展他们的经济状况为唯一目的，就够了，其他尽可暂缓。一则因为他们的经济状况太低下，所以别的谈不上；二则因为他们固有的自治组织是散开而几乎不相接触。若老子所期望的，既没有集中的团结，则社会改造运动不得其口而入。所以此后改造社会的主义，当然是对着一般城市社会的状况而发的。农民社会的情形和这不同，当然要另具一副法子，然而暂不能兼顾，只好暂且放在一边。不过使城市社会和农民生活接触——原来接触很少——却是要紧的，因为若不促进中国人文化的大略一致和生活的相触接，便不能增进中国民族的健康。至于就大城市的一般社会说来，又犯了互不接触的毛病，职业一有不同，生活上便生差异，思想上必不齐一。在一个大城里，异样的社会很少社会的关系，至于联合起来而营社会的共同生活，造出一个团结的组织，又就着这组织活动去，更是谈不到的。所以有人说，中国的社会只有群众，并不是社会。这都由于一切的社会之间，太没有联贯的脉络，就太少有动的力量了。

现在促进社会的办法，第一步便是疏通脉络：一方把大城市的社会和农民的社会联络起来，一方把城市中的各类社会互相联络起来，一方把城市中的各类社会互相联络，而生动作出来——这是因为就中国现在社会的横切面看来，散立的分子太多，脉络太少了，而横切面中所以有如此现象者，仍为着（1）

原来的社会就散漫；（2）而且和西洋人接触以后，经济上生了大变态，彼此相悬太甚，便把原来的"合拍"破坏了。又因为新思想进来，化了一部分原留着些毫不化过的，其间心神情意上相离必然更远了。

一民族的社会文化，有人分做四部看去，一普遍质，二中心质，三遗剩质，四特出质。倘若这四部分位置得合法，然后有了社会的康健，第一、第二两种仿佛是一件事，其实也还有分别，在未曾发达到极高度的国家，普遍质虽有极大的影响，然而未必居一国文化的中心，较少有使它的文化前进或后退的势力，而能力使它的文化前进或后退者，乃另是一种原素，根基较为薄弱而有很好的凭借，所以能居中心的地位——中国就是一个好例。剩遗质是前一个时代的遗产，就一方说来，它也有调节生活剧变的好效力，在一个经济不发达的国家，它更在分配上能维持一部分的公平。但是人是进化的动物，这种原素其中纵含有一部分的养料，也因为化合的不妥，没法存着，只好打在老废物里洗刷去。特出质是染未来的时代的色彩的，它若有厚蓄的力量，而发展上快而且固，便可证明这社会至少有一部分的健康。看看这四部在中国社会里配置的情形，不由得令人难受，普遍质和遗剩质几乎混合为一——就是，在中国最普遍的文化，仍然是前一个时代的文化，中心的文化是什么，差不多指不出来。姑且以大城市的文化当它，我们很容易看得这大城市的文化，在经济上是个被人狠狠剥夺，而又不能消化物质成养分的；在思想上是个极沉滞，而又极浅陋薄弱的；在生活上是极无滋味的，就是有力奢侈的人一味浪费，无力生活的人坐待枯槁。总而言之，这种文化所造就出的最大部分，是只为浅近物质生活的奴隶的人，简直地说，中国此刻的社会，除去农民的部分，另是一状态外，其余的社会——有力量的城市中社会——是用着历史上传下来的老脾胃，换个新款式尽量发挥出来的。至于特出的文化，当然是这一般觉悟的青年所据有的了，不过所可虑者，这一类文化的发展培养出的部分少，激动来的部分大。试举一个例，在有眼光的政治家治下所培成的革新运动，和在倪嗣冲、张作霖、张敬尧、陈树藩治下所激成的革新运动，自然有根基厚薄的不同。

至于就中国的民族上看：它影响时代的情形如何，也可略说一二。中国的民族富于感觉性而薄于把持感觉性，是个聪明的民族，可惜有个民族的精神衰弱症。这现象很容易看出，一般人早成早谢，崇拜小聪明，贪图目前的小利益，以苟且为处置事务的办法，注意点不能持久，而又不能专一，怕根本的改革法，都是很明白的经验。社会上明达的见解比较的还不算绝少，而绝少强固的精神。凡号称聪明的人，多半神经过敏，神经过敏就是神经衰弱。特立独行和智力卓绝的人极难遇到，一般人的能力知识都和他的职业一样，可以随便转换，更和他的生活一样，左右离不了那么一套。这样民族所支配出的时代，自然是个很显得疲劳的时代，偏偏世界要打到一窝去，想不合伙不能，于是乎在很可乐观的潮流变化之内，不免现出点强打精神的色泽。

但精神衰弱在个人不是不能医治的病症，在民族也是如此。所以使个人或民族的精神衰弱，总不外两个原因，一精神上的约束，二生活上的压迫。好在精神解放现在已有了一部分的成绩，就用这解放了的积聚得久的精神去谋生活改善，又当这样的一个世代，自然要变了，以前静默的光景，社会的旧组织死了，所以没有维系与发展社会的中心能力，所以社会上有个散而且滞的共同现象，现在的时代就是一个新中心，能力渐渐升高蔓延的发端。

照以上所说，虽有些悲观的现象，但良好的动机固已有了。这动机就染这个时代的颜色。为经济的压迫，觉悟上的促动，这个时代现出它的真活动力来，就内部说是变化社会，就外部说是加入世界流。总而言之，以前的加入世界团体是国家的，以后要是社会的这一转移，就现出现在的时代。

所谓社会的加入世界团体，换句话说，就是以世界的社会趋势做榜样去改造我们固有的社会。改造社会靠两层力量，一社会的了解，二社会的责任心。社会的了解含着：（1）固有社会的病症；（2）理想社会的标的，和（3）应机进行的积续。

譬如我们知道中国人——和世界的人——所受的苦痛和压迫，根本上由于这个资本私有的制度，要是想好非达到资本公有的目的不可，并且还要知道从旧状态到新状态应该怎样办去，大题目是这样，小事件也是这样。要想做去，非先知道不可做去的分数永远赶不上知道的分数，没有不知道能做出的，但仅仅知道——不能创作的知道——是没有丝毫用处的。要是把中国人知道的事都行出来，必不会有这样的现状：中国人知道的虽然不多，毕竟比他做出来的还多得多，中国人早知道恶政府要不得，然而恶政府至今存着，这都由于知道以外确欠一个责任心。

去年我在一本英国杂志上见到一篇批评波斯人的文章，大略说波斯人中上阶级的教育也还勉强过得去，有知识的士人颇不少，但是几乎人人是小气的，所以明明知道的事，偏偏做不出来，有了解心，无责任心，结果就造成了波斯的腐败。这话简直和批评中国人一样，中国人的没有社会责任心，可以从积极、消极两方看去，现在有一种最普通的现象，就是人人不安于位，刻刻想着一身的地位增进；人人不自揣不知道自己的价值几何，偏要以侥幸的手段求过分的收获，把人的肉拿来自己吃，就不问影响于社会的是怎样了。我们可以说这一般人的心理是不惜亡国灭种以逞其私，多数人求侥幸、求躁进、求过分的收获，就是亡国灭种的根源，这是没有社会责任心的积极方面。

睁着眼睛看人卖国乱政、涂炭地方，破坏代议制，绝了中华民族一线不断的人格，不过是长吁短叹而已，顾着身家，怕着势力，一丝也不动，明知道他们偷了我们的东西去，还宣告我们的死刑，终是一丝也不动，这是没有社会责任心的消极方面。

袁世凯就利用这个缺点演了一出大悲剧，其结果这缺点更膨胀了，就有了现在的局面。可是在这样一个时代之内，这局面是不能常的，所以才有了五四以后的几个社会运动。五四运动可以说是社会责任心的新发明，这几个月里黑沉沉的政治之下，却有些活泼的社会运动，全靠这社会责任心的新发明。我们很知道这社会责任心的发明的里面，包着很多热闹事，现在这个时代的第一曙光，还不在智觉的开展，就在这个。

所以从 5 月 4 日以后，中国算有了"社会"了。

紧跟着社会责任心的发明，便要是社会道德的发明。以前一般中国人所以为道德的——哲学家的不能实行的理性道德不计外——只是个政治的和资本的道德，"忠"字只有一个权威的意味，"孝"字只有一个金钱的价值，什么廉节、报恩、好施等等，自然也有一部分的真理，不过就他们解释这些，位置这些上，都有一个很重的政治的和资本的意味。以后要转为社会的道德了，要有一个重新的组织。社会道德学说的传布和社会道德的培成，都不是很容易的事，非到时机成熟不可。道德问题乃是一个社会的、经济的、政治的问题，在前一个时代里，把后一个时代的道德理解宣布出来，势必因社会状态、经济状态的不相容，不能使它深入人心。一旦社会的责任心发明了，大家对着社会"动"了，自然因"动"的结果，就一件事的成功或失败上追求其根源，悟到社会道德的必要，这时候人人心里有个新道德的觉悟，于是乎社会道德就渐渐地养成，凭空以新道德说贯注给人，是使人用演绎的法子领会，其根基比较的薄弱；任他们的事业上生活上自己体会出来，是用归纳的法子觉悟，其根基自然要深固的。所以就这时代看来，新道德观念必然要自动地即刻从个个青年脑中溢出，而社会道德必成此后这个时代的一个最大问题。

转来再就思想上说。近代的思想有两种趋向：一、个性的；二、社会的。前几个世纪是个性的发展，近几十年是社会性发展。中国人在这个时候自然免不了加入最近的趋向，不过前一时代的个性发展，也是我们所必须要求的事情。不经个性充分发达的一个阶级，文化上必觉得干燥无味，而且突然转到社会性上，文化上又很觉得根基薄弱，所以中国此后的思想运动应该是双管齐下的，文化的发展全靠着敢想、能想、想得自由。我看中国此刻新旧两方面的人，都有点不大敢想，想得不很自由，旧的方面不消说了，新的方面的人也有大略一致的现象，所介绍和创作的思想多半是很平通的，很平通的思想固然是极有用的，不过使近代思想史上放火花闪光的，极新的思想自然应该引进。为求有用而想去，必成一种社会性的思想，为求安顿我们的心识而想去，必成一种个性的思想，前一种免不了有一部分的不自由，后一种乃是极自由的。

中国在晚周时代，思想五花八门，所以有那样的纷杂状况，都为着他们不肯强就他们精神上所不安，一心求解决了他们心上所感的境界。希腊的当年也是这般，这般才能活泼、才有趣味，而且不止于有趣味，还有绝大的不期而得的用处呢，凡是我们先抱一种求适宜求有用的心理，组织思想去每每想不到很奇僻的道路里去，最自由的个性思想，能辟人不能辟的路，所以无意之中，时常得着人不能得的效果——从崎岖闭塞危险的路里探出真理来。有用没有用简直是事后因时变化的事，决不是能预先断定的事。中国人此刻关于安顿他们精神上太不忠诚了，明明的要这般做，却不敢照他所做仔细想成条理发表出来，没有承认他的行事和他的思想一致的胆量，先承认他心之所安和他身之所适是矛盾的。遍社会上是些极端为我的人，为浅近物质生活的奴隶的人，却没有一部把这思想组成统系，大胆发表出来的书，因为他们只敢如此做，不敢照着做的样子想去求得个理性的证明。我看他们不敢想的毛病比他们敢想做的毛病还大，现在正该介绍些发明些敢想的思想，好让一般人大着胆儿一想。一方自然要养成平实有用的社会性思想，一方发挥个性的思想，也于文化上有绝大补助，两样合成才能成就这个所谓文化运动。

但是个性的自由思想决不是无边际无着落的妄想所能冒充的；能自由思想的人，必是能了解和使用科学性的人。科学在人心里手上，因人的性质不同而异其意味，同是一个电学，汤姆生约瑟心里的电学，和普通电学家心里的电学，和电气工程师心里的电学，和电机修理匠心里的电学截然不同。有的人看得科学是真理，有的人看得是发挥精灵活动最有趣味的事物，有的人看得是"利用厚生"的器具，它也因为人待他不一样也就异其效用。

中国人以前对于科学只承认了它的物质的效用，不知道它的精神的效用，所以它也不和中国人亲切起来，勉强给中国人很少些的物质的效用，毫不帮助中国的文化发展。现在人渐渐于机械的科学观以外，有个精神的科学观，知道科学不特是狭义的有用，并且是个精神的兴奋剂。所以此后中国人对于科学脱了"制造局的主义"了，为国人群的活动力最后的一次试验，中国人是不是、能不能为世界的一部分，唯一的一次。我们既是这个时代的人，自然负了完成这个时代的意义的责任。

（1919年）

导读 这是《新潮》杂志的发刊词，作者写得简明、扼要，介绍了《新潮》杂志的背景、主张。

《新潮》发刊旨趣书

《新潮》者，北京大学学生集合同好，撰辑之月刊杂志也。北京大学之生命已历二十一年，而学生之自动刊物，不幸迟至今日然后出版。向者吾校性质虽取法于外国大学，实与历史上所谓"国学"者一贯，未足列于世界大学之林；今日幸能脱离旧型入于轨道。向者吾校作用虽曰培植学业，而所成就者要不过一般社会服务之人，与学问发展无与，今日幸能成其目的，以大学之正义为心。又向者吾校风气不能自别于一般社会，凡所培植皆适于今日社会之人也；今日幸能渐入世界潮流，欲为未来中国社会作之先导。本此精神，循此途径，期之以十年，则今日之大学固来日中国一切新学术之策源地，而大学之思潮未必不可普遍国中，影响无量。同人等学业浅陋，逢此转移之会，虽不敢以此弘业妄自负荷，要当竭尽思力，勉为一二之赞助：一则以吾校真精神喻于国人，二则为将来之真学者鼓励兴趣。同人等深惭不能自致于真学者之列，特发愿为人作前驱而已。名曰《新潮》，其义可知也。

今日出版界之职务，莫先于唤起国人对于本国学术之自觉心。今试问当代思想之潮流如何？中国在此思想潮流中位置如何？国人正复茫然昧然，未辨天之高地之原也。其敢于自用者竟谓本国学术可以离世界趋势而独立。夫学术原无所谓国别，更不以方土易其质性。今外中国于世界思想潮流，直不啻自绝于人世。既不于现在有所不满，自不能于未来者努力求求。长此因循，何时达旦。寻其所由，皆缘不辨西土文化之美隆如彼，又不察今日中国学术之枯槁如此；于人于己两无所知，因而不自觉其形秽。同人等以为国人所宜最先知先觉者有四事：第一，今日世界文化至于若何阶段？第二，现代思潮本何趣向而行？第三，中国情状去现代思潮辽阔之度如何？第四，以何方学术纳中国于思潮之轨！持此四者刻刻在心，然后可云对于本国学术之地位有自觉心，然后可以渐渐导引此"块然独存"之中国同浴于世界文化之流也。此本志之第一责任也。

中国社会形质极为奇异。西人观察者恒谓中国有群众而无社会，又谓中国社会为二千年前之初民宗法社会，不适于今日。寻其实际，此言是矣。盖中国人本无生活可言，更有何社会真义可说。若干恶劣习俗，若干无灵性的人生规律，桎梏行为，宰割心性，以造成所谓蚩蚩之氓；生活旨趣，全无从领略。犹之犬羊，于己身生死、地位、意义，茫然未知。此真今日之大戚也。同人等深愿为不平之鸣，兼谈所以因革之方。虽学浅不足任此弘业，要不忍弃而弗论也。此本志之第二责任也。

群众对于学术无爱好心，其结果不特学术消沉而已，堕落民德为之尤巨。不曾研诣学问之人恒昧于因果之关系，审理不了而后有苟且之行。又，学术者深入其中，自能率意而行，不为情牵。对于学术负责任，则外物不足萦惑，以学业所得为辛劳疾苦莫大之酬，则一切牺牲尽可得精神上之酬偿。试观吾国宋明之季甚多独行之士，虽风俗堕落、政治沦胥，以若干"阿其所好"之人终不以众浊易其常节。又观西洋"Renaissanee"与"Reformation"时代，学者奋力与世界魔力战，辛苦而不辞，死之而不悔。若是者岂真好苦恶乐，异夫人之情耶？彼能于真理真知灼见，故不为社会所征服；又以有学业鼓舞其气，故能称心而行，一往不返。中国群德堕落，苟且之行遍于国中。寻其由来：一则原于因果观念不明，不辨何者为可，何者为不可；二则原于缺乏培植"不破性质"之动力，国人不觉何者谓"称心为好"。此二者又皆本于群众对于学术无爱好心。同人不敏，窃愿鼓动学术上之兴趣。此本志之第三责任也。

本志同人皆今日学生，或两年前曾为学生者，对于今日一般同学，当然怀极厚之同情，挟无量之希望。观察情实，乃觉今日最危险者，无过于青年学生。迩者恶人模型，思想厉鬼，遍于国中，有心人深以为忧。然但能不传谬种，则此辈相将就木之日，即中国进于福利之年。无如若辈专意鼓簧，制造无量恶魔子，子又生孙，孙又生子，长此不匮，真是殷忧。本志发愿协助中等学校之同学，力求精神上脱离此类感化。于修学立身之方法与径途，尽力研求，喻之于众。特辟出版界评、故书新评两栏，商榷读书之谊（此两栏中就籍本身之价值批评者甚少，借以讨论读书之方法者甚多），其他更有专文论次。总期海内同学去遗传的科学思想，进于现世的科学思想；去主观的武断思想，进于客观的怀疑思想；为未来社会之人，不为现在社会之人；造成战胜社会之人格，不为社会所战胜之人格。同人浅陋，惟有本此希望奋勉而已。此本志第四责任也。

本志主张，以为群众不宜消灭个性。故国人意旨，尽不必一致，但挟同一之希望，遵差近之径途，小节出入，所不能免者。若读者以"自相矛盾"见责，则同人不特不讳言之，且将引为荣幸。又本志以批评为精神，不取乎"庸德之行，庸言之谨"。若读者以"不能持平"腾诮，则同人更所乐闻。

既以批评为精神，自不免有时与人立异，读者或易误会，兹声明其旨。立异之目的若仅在于立异而止，则此立异为无谓。如不以立异为心，而在感化他人，但能本"哀矜勿喜"之情，虽言词快意为之，要亦无伤德义。同人等所以不讳讥评者，诚缘有所感动，不能自己于言。见人迷离，理宜促其自觉之心，以启其向上之路，非敢立异以为高。故凡能以学问为心者莫不推诚相与。苟不至于不可救药，决不为不能容受之诮让。然而世有学问流于左道，而伪言、伪旨足以惑人者，斯惟直发其覆，以免他人重堕迷障。同人等皆是不经阅历之学生，气盛性直，但知"称心为好"，既不愿顾此虑彼，尤恨世人多多顾虑者。读者想能体会兹意，鉴其狂简也。

本志虽曰发挥吾校真精神，然读者若竟以同人言论代表大学学生之思潮，又为过当。大学学生二千人，同人则不逾二十，略含私人集合之性质，所有言论由作者自负之，由社员同负之，苟有急进之词，自是社中主张，断不可误以大学通身当之。

　　发刊伊始，诸待匡正，如承读者赐以指教，最所欢迎。将特开通信一栏，专供社外人批评质询焉。

（1919年）

导读 《新潮》是五四时期非常重要的一本刊物，对于中国的新文化运动产生了助推作用。《新潮》杂志以北京大学新潮社为依托，傅斯年则是新潮社的核心成员之一，在新潮社的活动应为傅斯年最早期的社会活动之一，他把他在新潮社所经历的人和事如实地写出来，是傅斯年的文章中少有的情感流露较多的一篇。《新潮》是本学生刊物，能够办得近乎与《新青年》齐名，对今天的在校学生而言，是很值得深思的。

《新潮》之回顾与前瞻

自从《新潮》出世到现在，已经八个整月了。

这八个月中，我们觉得很满意，因而发生无穷的希望，然而也颇遇着几层困难，使我们感受些苦痛。苦痛原是该有的，如此些小的苦痛更没有说他的价值，将来希望也没有说出的必要。不过，爱读《新潮》的人，不免想要知道我们杂志的起源、经过和将来。所以现在略说一会，作为和读者诸君闲谈罢了。

我先有一句话提醒诸君：我们杂志纯是由觉悟而结合的。至于将来，若不死于非命，我敢保必定放个光彩——大小未可知——决不会"寿终正寝"，更不会寂寞老成下去。

民国六年的秋天，我和顾颉刚君住在同一宿舍同一号里，徐彦之君是我们的近邻，我们几个人每天必要闲谈的。

有时候说到北京大学的将来，我们抱很多的希望，觉得学生应该办几种杂志。因为学生必须有自动的生活，办有组织的事件，然后所学所想，不至枉费了；而且杂志是最有趣味、最于学业有补助的事，最有益的自动生活。再就我们自己的脾气上着想，我们将来的生活，总离不了教育和出版界，那么，我们曷不在当学生的时候，练习一回呢？所以我们当时颇以这事做谈话的资料。颉刚的朋友潘介泉君，我的朋友罗志希君，常加入我们这闲谈。不过当时仅仅是一种希望的意思；觉得赤手空拳，何从做起，简直和戏论差不多。中国的读书人有一种"群居终日言不及义"的习惯。这个希望也是我们群居的一种消遣品。

七年的秋天，子俊和我又谈起这层事。子俊说："如何竟自尝试一回呢？不成功也没甚么不可以。"于是乎作了个预算：最难的是经济方面；社员分配担任外，不够还多；至于文稿，或者不至于很拮据。我们想，我们都是北大的学生，学校或者可以帮我们成功。子俊就和文科学长陈独秀先生商量了一次。陈先生说："只要你们有办的决心和长久支持的志愿，经济方面，可以由学校担负。"这是我们初料所不及的，就约集同人，商量组织法了。最先和罗志希、康白情两位研究办法，其后有十多位同学加入，对这事都很有兴味。胡适之先生做我们的顾问，我们很受他些指导。十月十三日，开第一次预备会，决定我们要办什么样的杂志，不使他杂乱无章，不使他有课艺性质，定他的原素是：

(1) 批评的精神；

(2) 科学的主义；

(3) 革新的文词。

子俊要把英文的名字定做 The Renaissance，同时，志希要定他的中文名字做《新潮》。两个名词恰好可以互译。十一月十九日，开第二次会，把职员举妥，着手预备稿件。李守常先生把图书馆的一个房间拨给了新潮社用。李辛白先生帮助我们把印刷发行等事布置妥协。本年一月一日，第一号出世了。

从一月一日到五月四日，几个月里，我们经过了许多次困难，较大的有三层。第一层是经济方面的波折。在第一号未出世以前，已经摇了一摇。出世以后，不免有和我们不表同情的，常以学校补助《新潮》为题目，责备校长。加以北大的杂志团体一时出了几个，更有许多在酝酿中的，学校方面既没有一一补助的力量，又不能有重有轻，于是乎评议会议决了一个议案，一律改为垫款前三期。《新潮》当时已出了二期，第三期在印刷中。卖出的一时收不回书价来；照此议案，第四期便生危险。第一期一经出版，就很受社会的欢迎，转眼再版。所以我们当时若托一家书店包办发行，赔赚不管，若《新青年》托群益的办法，一定可成；不过我们终不愿和这可爱的北京大学脱离关系，总想维持学校原来答应我们的办法。

当时就有外人要来资助我们，自然是简截拒绝。我们在创办之先，有一种决心，除北京大学的资助外，决不受私人一文钱的帮助。后来我们把我们的情形写信给评议会，评议会了解《新潮》的情形，又知道议案在后，学校答应我们的在先，就把原定办法维持住了。从现在看来，这简直没有丝毫关系。因为照第一卷的销路，学校并不赔钱，到第二卷里，敢保销路必然更广，必有盈余。但是当时没有十分把握，觉得万一印刷费不继了，出版停滞了，大家没精神了，岂不可惜？所以才有这一番——从现在看起来，可以叫做过虑。

第二层是发生了许多反动，有几家报纸天天骂我们，几几乎像他们的职业。甚而至于我们学校的某某几个教员休息室里，也从此多事。我们不免有受气负苦的地方，甚而致于树若干敌，结许多怨，前两月志希和我的被诬，也未尝不以此为根源。

第三层是我们惹出了一个大波浪。有位"文通先生"，惯和北大过不去，非一次了。有一天拿着两本《新潮》、几本《新青年》送把地位最高的一个人看，加了许多非圣乱经、洪水猛兽、邪说横行的评语，怂恿这位地位最高的来处治北大和我们。这位地位最高的交给教育总长傅沅叔斟酌办理。接着就是所谓新参议院的张某要提查办蔡校长、弹劾傅总长的议案。接着就是林四娘运动他的伟丈夫。接着就是老头们啰唣当局；当局啰唣蔡先生。接着就是谣言大起。校内校外，各地报纸上，甚至辽远若广州、若成都也成了报界批评的问题。谁晓得他们只会暗地里投入几个石子，骂上几声，啰唝几回，再不来了。"这原不算大侮蔑，大侮蔑也须有胆力。"酿成这段事故，虽由于《新青年》的记者，我们不过占一小小部分，但是我们既也投入这个旋涡，不由得使我们气壮十倍，觉着此后的希望，随着艰难的无穷而无穷。

读者诸位批评《新潮》，有许多精透的话，我们感谢的很。我也想自反一回。我想，我们所表现出的有三种长处，同时和这三种长处相伴有三种对待的短处。第一，我们敢自信有点勇猛的精神。冒冒然就出版，毅然决然的定了这样一个宗旨，不曾丝毫犹疑。诸位当知道，在我们筹备第一号出版的时候，只有五卷寿命的《新青年》和方出世的《每周评论》，是我们的同道，此外若《国民公报》常有和我们的思想同流的文章。我们这一类的思想、文词、态度，很受一般社会的嘲笑怒骂——自然也有很欢迎我们的——我们却是把方针定准了，守住了。到了现在，虽然不过八个月，社会的空气却是大改了，有几十家同志。回想八个月前，另是一幅面目，我们所受社会的待遇，自然和以前不同。至于我们的议论，总是有什么说什么，不懂得什么叫客气，什么顾忌——总而言之，什么叫不可说。要说就说，说还要说尽。第二，我们是由于觉悟而结合的。每人觉得以前的生活上、思想上，有些不是，决计以后不如此了。因为彼此都在同一时代，受同样教育，所以以前的错误大致同类，所以觉悟的差不多一样。这可谓知识上的同一趋向。用这知识上的接触做根本，造成这个团体。我以为最纯粹、最精密、最能长久的感情，是在知识上建设的感情，比着宗教或戚属的感情纯粹得多。恩怨造成的感情是不可靠的，因为恩怨容易变化，容易掺杂；独有知识造成的感情，随着知识进化。我们同人结合之先，多没有什么交情。若颉刚、子俊和我的关系，原是例外。我们当时集合同志的时候，只凭知识上的一致；虽是我们极好的朋友，而觉悟上有不同时，我们并不为感情而请他。一旦结合之后，大家相敬相谅，团结的很牢，做起事来很有勇气。志希和我，因为彼此都有好吵的脾气，几乎每天打嘴仗，甚而至于气忿忿的，不谈话了。然而过五六分钟，仍然一切如常。任凭吵上多少次，我们总是最好不过的朋友。或者因为吵闹多了，友道上更觉有趣些。所以我敢大胆着说，新潮社是最纯洁的结合：因为感情基于知识，同道由于觉悟。既不以私交为第一层，更没有相共同的个身厉害关系。第三层，我们很有些孩子气。文词上有些很不磨炼的话，同时觉着他是些最有真趣的话；思想上有些很不磨炼的思想，同时觉着他是些最单纯可信的直觉。我们既是一群孩子，所以彼此相待，也和孩子的喜怒哀乐差不多。至于对于殊样社会的态度，用个不好的典故，便是，"爱之欲其生，恶之欲其死"；用个好典故，便是，"见善若惊，疾恶如仇。"

至于我们的短处，据我看来，恰恰和这三项在一起。我们有点勇猛的精神，同时有个武断的毛病。要说便说，说得太快了，于是乎容易错。观察研究不能仔细，判断不能平心静气——我不敢为我自己讳。我不是说我们要"战战兢兢"的发议论，"庸德之行，庸言之谨"，已经是乡愿了；"战战兢兢"，便不成人形。我是说，天地间的事物，情形复杂的很，简直和乱麻一样。我们若不一条一条的搂开，而用"快刀斩乱麻"的手段，哪里能够得"事理之平"？我们的结合是纯由知识的，所以我们的结合算是极自由的。所以我们所发的言论是极自由因而极不一致的；虽有统一的精神，而无一体的主张。我们看别人的杂志很杂，焉知后人看我们的杂志不说很杂呢？我们有孩子气，能以匠心经营的文艺品，繁复和错综的长篇研究，比较得不如自然成就的文艺品，简括有力的短篇批评，占胜些。我们要说便说，要止便止，虽则是自然些，有时也太觉随便。况且我们是学生，时间有限，所以经营不专，因而不深。

缺憾没有不可弥补的，我们不知道则已，既经知道，自然有弥补的必然。若是别人肯责备我们，发觉我们所不自觉的，我们尤其感激。有我们这一群可爱的同社，必成一件最可爱的事业。

自从五四运动以后，我们的杂志停顿了。因为北京大学几个月里事故很多，同社诸君多在学校里服务，也有往上海的，就无暇及此了。现在大学恢复旧状，我们社员又集在一起，把几个月的苦斗生涯放下，再弄这笔杆下的苦斗。从今以后，我们得个新生命。五四运动过后，中国的社会趋向改变了。有觉悟的添了许多，就是那些不会自己觉悟的，也被这几声霹雷，吓得清醒。北大的精神大发作。社会上对于北大的空气大改变。以后是社会改造运动的时代。我们在这个时候，处这个地方，自然造成一种新生命。况且现在同学入社的多了，力量自然比先厚些。又有《新青年》记者诸位先生，答应给我们投稿，更是可以欢喜的。同社毕业的有几位在京，有几位在外，加上一番社会上的实地考练，再做出的文章，当然更要成熟些。杨振声君往美国去，俞平伯君和我往英国去。虽有在外的，在内的，然而精神上一气。所以第二号第一期，不是泛泛的一面换卷数，是我们的一个新扩张。

近两年里，为着昏乱政治的反响，种下了一个根本大改造的萌芽。现在仿佛像前清末年，革命运动、立宪运动的时代一个样，酝酿些时，中国或又有一种的平民运动。所以我们虽当现在的如此如此的南北两政府之下，我们的希望并不灭杀。不过就最近两三个月内的情形而论，我们又生一种忧虑。这忧虑或者是一种过虑；但是如果人人有这过虑，或者于事业的将来上有益些。我觉得期刊物的出现太多了，有点不成熟而发挥的现象。照现在中国社会的麻木、无知觉而论，固然应该有许多提醒的器具，然而厚蓄实力一层也是要注意的：发泄太早太猛，或者于将来无益有损。精深细密的刊物尤其要紧。就现在的出版物中，能仔细研究一个问题而按部就班的解决它，不落在随便发议论的一种毛病里，只有一个《建设》。以多年研究所得的文艺思想、人道主义精切勇猛的发表出来，只有一个《新青年》。此外以《星期评论》、《少年中国》、《解放与改造》的和短命的《每周评论》、《湘江评论》算最有价值。然而第一流的虽有多种，我总觉着为应现时所要求，为谋方来的扩展，还嫌实力薄些。我们原是学生，所以正是厚蓄实力的时候。我不愿《新潮》在现在铮铮有声，我只愿《新潮》在十年之后，收个切切实实的效果。我们的知识越进，人数越多，而《新潮》的页数越减，才见我们的真实改善。

至于新潮社的结合，是个学会的雏形。这学会是个读书会，将来进步，有些设备了，可以合伙研究几件事务。最后的目的：是宣传一种主义。到这一层，算止境了，我们决不使它成偌大的一个结合，去处治社会上的一切事件。发布些小册子，编辑一种人事学科的丛书，一种思想潮流的丛书，一种文艺丛书，和其他刊物，是我们的事业；此外也没有我们的事业。中国的政治，不特现在是糟糕的，就是将来，我也以为是更糟糕的。两千年专制的结果，把国民的责任心几乎都消磨净了。所以中国人单独的行动什九卑鄙龌龊，团体的行动什九过度逾量——这都由于除自己之外，无论对于什么都不负责任。我常想，专制之后，必然产成无治：中国既不是从贵族政治转来的，自然不能到贤人政治一个阶级。至于贤人政治之好不好，另是一个问题。所以在中国是断不能以政治改政治的，而对政治关心，有时不免是极无效果、极笨的事。我们同社中有这见解的人很多，我虽心量偏狭，不过尚不至于对于一切政治上的事件，深恶痛绝！然而以个人的脾胃和见解的缘故，不特自己要以教书匠终其身，就是看见别人作良善的政治活动的，也屡起反感。同社中和我抱同样心思的正多。常有一种极纯洁的结合，而一转再转便成政党的小体。如此一般人的结合，自然没有一转再转的危险。那么，我们是"专心致志"，办"终身以之"的读书会了。

我希望新潮社员从今以后，时时刻刻不忘《新潮》的改善。知道他的缺陷极透澈了，然后可以"日新月异而岁不同"。一团体和一个人一样，进步全靠着觉悟——觉悟以前如何如何的不好，以后该当如何如何，然后渐渐的到好的地界去。天地间没有没有缺陷的人，所以我们对于我们自己，应该严格的自反，对于我们的缺陷，不特不必回护，而且无所用其恨惋。如此固是很好，不过仍不到理性的境界——应该从从容容的补上，改好。

《新潮》的将来大约也是宣传文艺思想、人道主义的，不是个专研究现日中国社会问题的；也是各人发挥个人的主张的，不是有一致的主义壁垒整严的。这可从我们同社的性情、品质、知识、兴趣上断出。我觉得我们同社很多个性主义和智慧主义的人。这样性情，自然也不免有很大的流弊，但是我总相信天地间没有一件好物事没有坏效果的，没有一件坏物事没有好效果的。凭我们性情的自然，切实发挥去，就是了。

我不久要往英国去了。我在《新潮》杂志里多半年，跟着三十几位最坚决、最透澈、最可敬爱、最有希望的同学，办些事件，满足不了同人和自己的希望，很是抱歉。我只盼我去中国以后，新潮社日日发展。我的身子虽然在外国，而我的精神留在北大里：因为我觉得我一生最有趣味的际会是在北大的几年，最可爱的是新潮社，最有希望的是北大的文化运动。我对于读者诸君所要求的，是给我们个严格的批评。我希望同社诸君的是：（1）切实的求学；（2）毕业后再到国外读书去；（3）非到三十岁不在社会服务。中国越混沌，我们越要有力学的耐心。我只承认大的方面有人类，小的方面有"我"是真实的。"我"和人类中间的一切阶级，若家族、地方、国家等等，都是偶像。我们要为人类的缘故，培成一个"真我"。

（1919年）

导读 人并不是为活着而活着，只为达到他的生趣而活着。所以生活并不是人类最普遍最原始的目的，不过是达到他这最普遍最原始的目的的一种手段，偏偏这一种手段是最大的一种手段，所以就误以手段为目的。

美感与人生

我平生不曾于美感上加以有条理的研究，没有读过讲论美感的书，又很少把自身的经验加以深思的剖解。虽时常有些感动心脾的境界——如听到好听的音乐，便觉得这身子像散作气体样的；步行山中，虽头昏眼花，总不知道倦意，等等。凡人皆有的感情——总难得把这境界用意思显出来，这意思又很难用语言表达。在有文学技能的人还不能逻辑的表达于诗文之内，有同感的人，自然界也能不逻辑的心领神会，偏我又不能。若作逻辑的文章表达这些思想，更是难事。所以我平常所得的这类经历，只好放在心里久久忘去就是了。

在Tydeus船上写一封信给北京的朋友们，偶有两句说到自然的美，发了小小的议论，引起我的好朋友俞君平伯和我的一大块泛滥不知所归的辩论。当时辩论，忿于言色；过后想想，可发一笑。终究不如把我对于这类的感想写下，一时想到的而又可以用话表达的个大概来，免为在肚里闷着腐败。虽说"今年所作明年必悔"，但应悔的见解正多，添一个不加多。我就在篇端声明，这篇见解只是一个不学的人的直觉的感想，而且是在船上神魂闷倦时写的。

任凭何人，都很容易感觉疲劳。任凭何时，都很容易受些苦痛。从皮面看，疲劳、苦痛好像人生的最不幸事，但实际上疲劳、苦痛并不能把人生糟蹋的怎样了；有时疲劳、苦痛越多，人生前进的越猛。所以然者，第一靠着疲劳、疾苦有些报酬物，得到报酬物，登时把疲劳、苦痛丢的远远的；第二靠着有个建造新鲜精神的原力，这原力建造出新鲜精神，就把那被疲劳、苦痛所糟蹋的补足填满。所以人生如波，一伏一起，一消一长。消长之间，见出趣味；趣味之内，证了人生。但这些报酬物和原力是什么？现在颇难条条举出。随便举两个例：Mill 在他所做的 On liberty 的前面写下百多字的个 Dedication，上边说："她的（他夫人的，在做这本书时已死）契合赞诺是我著述的苦痛的唯一报酬物。"又说："我若能把她当年契合的意思的一半传布到世人，这本书就真是了不得的了"（原文记不精确，姑举其意）。从他这一往情深的话头，可以显出他的精神安顿的所在，他的精神就安顿在他的夫人的智慧情感上。他的夫人的智慧情感，就是他为著作直接所得的疲劳、间接所得的苦痛的唯一报酬物，并且是他的新鲜精神的建造者。这也不限于 Mill，世人这般的正多。所以古人常常的想，有了可以通情契意的夫人，就可以捐弃一生的世间牵连，而去归隐。再举一例：一个人辛苦极了，听到舒畅的音乐，偏能把辛劳疾苦舒畅得干干净净；若又听到鼓荡的音乐，又要把这心境鼓励到天空去。当这时节，如是富于感情的人，他这心里当说不出怎么好了。能明白这音乐的人，自然有许多境界，就是不明白音乐的人，也不免把心绪随着这音乐声宽窄高下疾徐。感动得浅了，还不过是些心动手动脚动的情感；感动得深了，竟能至于肉体感觉发生变动，觉得脚不着地，头发不着皮，这身子仿佛要去化作气体。从此疲劳补满，更出产些新精神。这类的事倒正多。一切自然界的宏美，艺术界的真丽，都可随时随地引人生一种"我与物化"的情感，不必一一举例了。

所以多趣味的人就是能多收容精神界滋养品的人，能多劳苦而不倦怠的人，能有归宿地的人。少趣味的人，纵然身躯极强固，意志极坚定，但时不免有两种危险来袭击。疲劳极了，苦痛多了，而无精神的安慰与酬报，不免生趣渐渐枯槁起来，久了，意志动机都成死灰。或者疲劳极了，苦痛多了，而无精神上的安慰与酬报，不免对于精神生活生一种捐弃的决心，转而单图物质的受用，于是乎大大溃决了。不知道这种生活的趣味，哪知道这种生活的可爱？不知道这种生活的可爱，哪能把这种生活保住得牢？

所以凭我一时揣想，有趣味的生活是能发展的生活，能安慰的生活，这是从积极方面说起；又是能保险的生活，这是从消极方面说起。

人各有所好，常常为他所好的缘故，把他的事业、名誉、生命、信仰都牺牲了。但这罪过不在乎他有所好，而在乎他所好的错了。无好的人，每每是最无用的人或者竟是死人。所以无论为自己、为公众、为快乐、为道理，都应该择选一个最适当的所好，而"阿其所好"。

但好得不是路了，每每扰乱了别人，殉了自己。"以此教人，固不爱人；以此喻己，亦不爱己"。独有美感的爱好，对得起自己，同时一样的对得起别人。这因为爱好美感和爱好别的物事有些根本的不同。一来爱好美感的心理是匀净的，不像爱好别的起些千丈高波，生些万难事故。纵然有时爱好它深了，以至于一往情深，恋念郁结，神魂飞动，满身的细胞起了变化，错误了世间一切真真实实的事，毕竟不遇心神上的盘旋，他自己生出了无数趣味，却不曾侵夺了别人的无数趣味。二来爱好美感，是自己的利害和别人的利害一致的。不比好别的物事，每每这里得了，那里就失。三来爱好别的，每每重在最后的获得。获得之前，先捐上无数苦恼，一旦得了，或终究不得，不免回想，以前"为谁辛苦为谁甘"，于是乎最后落到一个空观去。独有美感的爱好，要零零碎碎的取偿，它的目的平分散到时时刻刻——就是并没有最后的总目的——自然时时取偿，刻刻刈获，接连不断的发新精神。先上来不必积上些苦恼，末了也不至于反动，出一个空观，所以最慰贴。四来爱好别的，越爱私心越发达，爱好美感竟能至于忘了"自我"，而得我与物的公平。五来爱好别的，每每利害的分辨甚强，每每以智慧判断最后的究竟。我说句大胆话，我近来颇疑心智慧的教用。我觉得智慧颇少创造力，或者竟能使人种种动念，卷成灰烬，那些想到"可怕的内空"（Awful inner emptiness）的人，何尝不是智慧领着他寻得一个"大没结果"呢？至于爱美感，先去了利害的观念，安所容其得失之心？

所以美感有创造的力量……六来……七来……正多着呢，我也说不清了。

总而言之，人若把他的生活放在一个美感的世界里面，可以使得生活的各面兴趣多多实现。更活泼、更有生趣、更能安慰、更能觉得生活与自然是一个人，不是两件事。人的生趣全在乎小己和身外一切的亲切；人的无趣——就是苦恼——全在乎小己和身外一切的不亲切。所以趣味发作起来，世界可以成一个大家；趣味干枯起来，一个人在精神上"索居而离群"，丧失了一切生活的乐境。总而言之，美感是趣味的渊源；趣味是使生活所以为生活者。

人生与趣味本有拆不开的关系：后一种是本体，前一种不过被附着的躯壳。一旦本体失丧，只剩了躯壳，人对于这躯壳是并不爱惜的。这话怎样讲呢？我们仔细想，我们实在有比人生还爱的东西，不然，何以拿着人生当孤注，拼命冒险寻它呢？更有比掉了人生——就是死——还不爱的东西，不然何以有时不惜掉了人生，或者避了人生的意义——就是离群索居呢？人为什么才活着？这本是一个最难回答的问题。但从常识上证起，也可以简单的根本解答，就是人为取得生趣而活着。什么是取得生趣？就是求获精神上的满足——或者可说安慰。一旦精神上不得满足，不能安慰，并没有生趣了，顿时觉得人生一无价值。从古来有些很沉痛的说话，可以证明这道理。《诗经》上，"有生如此，不如无生"！小青也学古人说，"未知生乐，焉知死悲"？有些思想家大大赞美人生，但他们所赞美的，依然是被生活所凭托的东西——生趣——并非是凭托生趣的东西——生命。又有些思想家大大毁谤人生，以为人应该看破这假面的人生，丢了它，避了它，或者安安稳稳的送它终，然后得到解脱，但他们所得依然是被生活所凭托的东西——生趣——并非是凭托生趣的东西——生命。他们以为生趣是无趣，是苦痛。他们以为人生和苦痛不可分离，所以诅咒苦痛的结果，忽然变成诅咒人生。他们本无所憾于人生，只恨人生所恐的苦痛，人生只不过是代人受过。从此解来，可知人的最上目的，并不是人命的取得，而是生趣的取得。只为生趣不能脱离生命而自存，所以就误以作凭托物的生命为最后的究竟。通常习而不察，觉得人在世间的一切行为、思想、感情、设施等等，皆为达生命的目的而作，实是误以形体为含性而忘了含性了。一旦当生命生趣冲突时，略能见出人所求、人所爱者，不在形体，而在含性，所以当有人为取得精神上之安慰，而牺牲了生命。

一般的见解，以为人生是无上的东西。这话的是否，全靠解释人生这一个名词。如果把人生讲作生命而止，很觉得有些不可通，如果把它作人生的含义便觉稳当得许多。

我现在简单的陈列于下边：

> 人并不是为活着而活着，只为达到他的生趣而活着。所以生活并不是人类最普遍最原始的目的，不过是达到他这最普遍最原始的目的一种手段，偏偏这一种手段是最大的一种手段，所以就误以手段为目的。

但更深一层想来，手段目的的分别简直有些根本上难成立。如以生命为目的，我们固可以称人生一切物事为手段，因为这些不过是——看来像是——达到这生命一个目的的。但若照上文说的，人生的目的在生趣。那么，"目的"两字用得也就很牵强了。生趣就文义说来，只是一个抽象名词，就实际说，是时时处处散见在一人生活中的一切事体。既是零零碎碎的一切事体，那么人生的意义、精神和祈祷，正是零零碎碎的、日用寻常的所包含的一种解说。所以人生的目的就是人生的手段，倒转来说，人生的手段，就是人生的目的。那一切零零碎碎的事物所含包的一切意趣，就是人生的目的，同时也是人生的手段。分碎了就是手段，打总了说是目的。客观着说只是一件东西，不过解释上分两面罢了？

那么，通常所称为人生的一切手段都有它自己的目的，也就是人生的目的。譬如学问，通常说是一个手段，达到较上生活那一个目的的，但较上生活并不是一件独立的东西，就住在学问里，所以我们竟可说，"我们为学问的缘故而学问"。人生有无数的分体散住在处处。每一个有趣味的物事里边住着一个人生之"分一体"，所以每个有趣味——对人性发生趣味——的物事，有个至上的目的。所以我们为学问的缘故而学问，为行为的缘故而行为，为情感的缘故而感动……所以我们要重视我们平生所接触的有趣味的物事，不宜以这些物事是助兴趣而无关弘旨的。

人是群性的动物，所以自性质上说，人断不愿索居而离群，非特不愿，而且不能。但何以从古以来很有些"避世避地"的人呢？这是因为人有一种"自事自"的为我根性，觉得群中之乐，敌不过世间之苦，想逃世间之苦，不得不弃捐了群中之乐。但群中之乐终是不愿，而且不能弃捐的，所以结果一定是弃而不弃。一面矫揉造作的"避世避地"，一面又把世间地上的药，用空中楼阁的眼光，取掩耳盗铃的方法，矫揉造作的从世间地上的苦中抽出，加在自然物身上。所以"与木石居，与鹿豕游"的人，总是把群性加在木石鹿豕身上，觉得这些东西都含着些天机人性，有群趣，有爱情，可以和他们沟通心意，简直是自己的朋友。所以人并不能完全的离群，最多不过离下这个群，自己给自己另造一个群，丢了不愿意接触的，而把愿意接触的部分，以意为之的搬到一个新地域去就是了。这新地域总是自然界，所以可往这自然界里搬的缘故，总因为这自然界里含着一种美性，从此可知美性与群性的关合。

问这索居离群一个办法究竟对不对？却不容易简单回答。从社会的道理论起，就现代的眼光看来，简直是大愚，而且是罪恶。我平日常想，中国人只有一个真不道德，就是卑鄙龌龊；和一个假道德，就是清高。清高是胆怯、懒惰两种心理造成的，若论它造出的结果，简直可以到了"洪水横流"。但平情想来，这也是专制时代必生的反响，专制不容社会的存在，所以在"没有社会的时代"自然要生没有社会的思想。但难说可恕，却也很不可学。这话说来极长，和本题没有关系，不便多说。若就别一方面论起，他们也有他们的道理。他们能知道人生与自然是可以相遇的，而且实行使他们相遇起来。所差者"一往不返"，做得太过度了。

我在上文说，他们是"空中楼阁"，是"掩耳盗铃"，是"以意为之"，是

"矫揉造作"，仿佛都是贬词。这不过随便用来形容他们的不同常情，并不就是说他们毫无道理。他们不是的方面放下不论，专说他们有道理的地方。他们能明白美感，领受美感，所以才能把人生的一部分放在自然的身上。美感是人生与自然相同的东西，人生中有和谐的旨趣，于是引人生美感；自然中有同样的和谐的旨趣，于是引人生同样的美感。虽然所施的方向不同样，所有的作用却是同样。美感又是人生与自然相遇的东西。这话就是说：人生与自然相遇于美感之内。

人生的范围是怎样的？颇不容易断定地方，从一方面论起，人生全在自然界里边，人生的现象全是自然界的现象；但从别一方面论起，自然界全在人生里边，一草一木，一芥一尘，大的如海洋，小的如点水，远的如恒星，近的如寒暑，都是直接或间接供人生往美感上去的东西。自然界里没有一件东西不供人生之用，自然界里没有一种意义不与人生切合。所以人生有个普遍性，所以人生是无往不在的，就是那最远的恒星里，离着我们人万万万万里，也含人生的意味。

这个人生在自然界的普遍性，最好从美感里看出。美感引人和身外的物亲切，又引人因身外的物的刺激，而生好动性。以好动的心境，合亲切的感情，于是乎使人生与自然界的一切东西发生深厚复杂的关系，于是乎使人生的意味更浓。我们除非说人生也是虚的，便不能不承认美感的价值，便不能不承认美感中有实在——因为人生实在。既这样，美感应该是我们的一种信仰。

（以上是地中海舟中所作，以下是今日补成的）

问美感的由来是客观的呢，还是主观的呢？要回答这个问题，先要注意什么是主观？什么是客观？天地间的东西，本没有绝对客观的，都是以人性为之解释而生的见解。但主观又因范围不同，而生真实上的等别；个人的主观每每是偏见，人性的主观——就是普遍及于人类的——便是科学上的真实，通常称作客观。美感的真实和科学一样，并不少些。例如说：一人为美感所引，精神飞越，旁边的个人，对此毫不生如何感触，这可说是主观的了。但实际研究，又不是这样的。一来必须有引你神魂飞越的可能性，你的神魂才飞越，并不是你无中生有。二来你对此神魂飞越，别人不然，并不是你多些，是别人少些。你能比别人感受自然多一点，不是你杜撰，即不是主观。三来美感是个能发生效验的东西，他的效验应人而发，等度可量，所以不是玄妙的——个性的主观的。总而言之，美感和理性都有客观的真实，不能以理性宰割美感，不能说一个是客观的实体，一个是主观的私见，因为它俩都是我们人类的精灵和自然界的含性所接触而生的东西，效力一般的大，实证一般的多。

我上次那个通信里（就是第一段里的）有一句说：

自然的美引人。据我凭定着想：形态的美，引人的文学思想；组织的美，引人的科学思想；意识的美，又能助宗教与哲学的发达。

因这几句话的争执，平伯和我写了很长的信，还不曾完结，现在事隔三月，追想论点何在，再也不能了，只好待后来若再想起时再说罢。

但美感之效用，诚不只上句话里说的。深处姑不论，只就最浅而易见的地方说，已很有伟大的范围。

人生的苦痛，每每由于两种相反的心思交战。一面固不能"索居而离群"，一面又很觉得"倦厌风尘"。所以静也不是，动也不是，一面觉得静得无聊，一面觉得动得无趣。然而美感是一件极流荡的东西，极不停止的东西，我们和它合作，精神是极流动的。心上有若干提醒，知觉界里有足数动机，习染得好，自然行事上很难动作，而又不滞于形骸之内，有极好的空气，最深彻的精神。但美感引人的动，却又大和物质引人不一样。物质把人引去，人便流连不返；情感的流动引人，虽很发扬，却忘不了深彻的境界。

人生每每困在争物料的所有权一个境地里，所以把物料的用处也弄错了，所以把人生的意味也变黑暗了。人的世界里，必要作野兽的行为。但自然的美谁也不能对着称所有者，即美之凭借人工者——为公园公林之类——也决没有由人据为私有而发生更大趣味的事。我这意思是说，大家享受，比一人享受还有趣，决不会一人享受别有趣。就是人为的美术，也还是供给大家看的有趣。所以情感极高彻的人，每每是极勇敢、淡泊、服公的人。我到欧洲来，觉得欧洲陈列馆、博物院、公园草地之多，大可为造就未来世界的张本。为造就未来那个合作的互助世界，此刻所要预备的：一是造这世界的组织法；二是造这世界的德素。前一项里，欧洲人的工业组会、消费组会、工团等等，已大大可观；后一项里，这些引人生无私的美感的公共博物院与园林，也大有用处。

世人的人格粗略可以分做三级：最下是不能用形骸的人；上之者，能用形骸而不能不为促于形骸的人；最上是能用形骸而又不为促于形骸的人。这种深彻的人格，不能只靠知识为表率，全在乎感情之培养。

上文说了许多，大旨只是证明一件事：就是美感与人生说来既是不相离的。我们更要使它俩结合，造一个美满的果。一种人把美感当作好奇好古的意思去做，是大大错的，我们必须：

(1) 以人生自然 (To personify the nature)，就是不使自然离了人生。

(2) 以自然化人生 (To naturalize the nature)，就是不使人生徇恶浊的物质。

上两件事的结合便是古代希腊的文化。希腊文化是要学的，因为它的文化最是"人的文化"。我们并不需要超人的文化（罗马）和超自然的文化（犹太）。以希腊文化的精神，自然产生雅典的Democracy（民主）世界。现在这个世界里，物质渊源这样大，智慧发展这样广，若果发达这个自然与人生结合的趋向，自然要比希腊人的成绩更进一层了。

拿一个合作的互助世界，去换这个竞争的资本世界，天然要有比现在更有人性的感情，去建设去。

　　这篇文章太觉词不达意了，前后又不是一时作的，末尾又是匆匆补上，一切意思都觉说不出来。很对读者抱歉。

（1920年）

导读 本文的情况，徐彦之先生在文章开头已讲得很清楚了，"五四"时期外出留学的学生写一些介绍一路见闻、异域风情的文章，以书信的形式寄回国内，公开发表是一件很普遍的事情。

留英纪行

这是傅孟真先生从英伦寄我们几位朋友的私函。里边述说沿途风景和伦敦大学情形，颇足供有志留英者之参考。今教育部选欧美公费生业已揭晓，打算留英的定有人在，所以把这封私函发表出来，公诸大家。所谓"书信秘密"是说寄信人和收信人以外第三者，不破坏秘密，擅拆别人的信件；不是凡书信所谈都不可以对人言，而有秘密之必要。

这封信5月30日发，经过美洲，整两个月工夫，大前天才收到的。

徐彦之

九年八月三日

（上略）

我先说我在船上的情景：先上来遇见了一位东方迷的美国人，往印度学佛学去的。虽然他是个"迷"，但还有思想，人也很好，一天就有半天和他谈，他在新加坡上岸。此后所见的外国人，便只有市僧了曰我是并不晕船的，没有一天吐过信，地中海的风浪涛天，其实并没妨碍，所以诸位将来出来时，晕船是不必虑的。

从香港起，沿路景物的美丽，直令人心神飞散。热带的风景，别是一种天地；常在里边，恐怕生理上不适宜，但偶一经过，觉得那种莽莽的气象，实含蓄着一种伟大的精神。后来看到了阿拉伯海里的列岛，又是寸草不生的；三日前森林灌木，三日后枯岛沙堵，乃世界上的南极端。在接续的时间，比较一看，生出无数意思！

在地中海的两端，真是意态万变：这边是苏夷士运河，两岸的沙漠景很有滋味，少须有些松桧竹棕和欧鸟合起来，点缀着平沙沼芜的地平界，我的精神觉得很爽健；那边是直布拉鲁塔海峡，我们的船经过时，正当黄昏，天气不很晴，积雪和层山，分不清白，水流很急，加上大鱼出没，山色幻变，太阳在山和云的缝里吐出很残破的光线，照得山顶上现海面的波纹，海面上有几块和镜子一般的明亮，其余尽如乌云一般。这个境界乃是最宏壮的境界！

人类学家说人的文化太新，所以在人的精神里含着很强烈的游牧民族野蛮民族性，没有人不是这样的。就以我这番渡地中海两端的经验而论；这话是很对的了。我们见到沙漠，忘了它的枯槁，觉得它另有一种吞括的壮美。原来我们的祖先在沙漠生活的时候，养成一种健敢的精神，后来成了文化的民族，这个精神就有一部分和沙漠一般的不见了；但这根性并不泯灭，所以我们遇见沙漠要觉得精神健旺。我又有二次渡黄河，满地风沙，河流湍急，觉得那种声色十百倍好过良辰美景。我又常想凡有文学趣味的人，对《敕勒川歌》没有不心领神往，这也是同样的道理。至于在地中海西端所看见的，都是些最伟壮的自然变景。这些变景迁流不定，而一个小小的"我"孤独在里边，就引起人的怪异的心境来。这种对最大的自然变景而生的最深壮的心境，仍是文化前的习惯，仍是我们的祖先在五六千年前在塔里木河的上游养成的。

所以沿路四十日间，把几个阶级的文化，几个最异样的自然现象都经过了；几千年的民族经历都温习。那些"海上迂怪之士"所有的对象，也都有了。

我去年所以决意往英国，而不往美国。唯一的原因，以为往英国去，可以因与大陆接近的缘故，多些见到民族变态的机会。谁知未到英国，就看到了如许变态，固不限于民族般变态。这样的幸福，不知诸位几时可以享受！

到了英国，第一层感想是：物质上不如在中国所想象的那个高法，精神上不如在中国所想象的那个低法。偏偏我所下岸的地方又是利物浦，真可谓"乌烟瘴气"的了。到了伦敦，所见穷人之多，街道之不清洁，学校建筑设备之苟且，差不多要和北大一样。假如要是所观察及的不过是这些，那么是要大失望的了。然而看看一般作事精进的精神，和一切公德心的表现，和社会上往来的德素，实在和在远东所遇见的英国人完全不一样。在这里读书，受益必当不少。

（中略）

至于我的思想上的变迁，倒是可以略说几句。一年以前，我的意气极盛；不好的地方，是意气陷我许多错谬。好的地方是它很能鼓励我、催促我，现在觉得比以前平静得许多，没有从前自信的强了。这不能说是不好，但天地间的道理处处对着迟疑，因此心志上觉得很懒怠，这是不得了的。考虑的心思周密，施行的强度减少，这要寻个救济的法子。

但也有进步的地方，我近中觉得心神上宁静的很多。以前的Motives很多，但这些七岔八乱的Motives虽能使人勉力，但也使人神昏气怠。此刻呢？Motives渐趋于专一，自然一时力量弱些，长久了，这专一的Motives未必不能练得很精图了。

我说我求学的打算：我上个月恍然大悟，觉得我近中求学的心境，乃远不如在大学预科时之"国故时代"。我在国故时代，念书只为爱它，读诗只为爱诗；到颇有些"只求耕耘，不问收获"的意思。后来国故的见识牢笼不着我，于是旧信仰心根本坠落。后来所学不如以前之不切今世，因为切今世，于是渐在用上着想，这个求合实际、求有成功的心思，固不是，概不对，但因此总很难和学问生深切的交情；不能"神游"，所以读书总觉不透彻。上月里深恨近中为什么读书不长进？何以当年弄国故的时候倒能觉得日新月异呢？想来想去，忽然大悟，全是对于读书的一个责报的心思作梗。有这责报的心思，一切进不去。我所谓责报，固不是借读书混饭吃，乃是将来对此有何等著作，将来对此得何等思想上、行事上之益处等等。这些心思，看来自然要比混饭吃高些，实际上乃发生词等的阻碍力。我现在已下决心，以学问上从最近层做起，如此迁远，自然想不到收获上去了。

我将来要专那门科学，现在还不会定。但以心理学为心理的、社会的科学之根源，我至少以三年的工夫去研究它。在研究它以先，去研究动物学、生理学、数学。如此迁远，成功上实在讲不定。但我宁可弄成一个大没结果，也不苟且就于一个假结果。

学校的选择，我已定在伦敦大学的 University College。英国大学中，心理学发达的一个是牛津，MhcDongALL 就在那里；一个是剑桥，Mye 陀就在那里。但这两处，我因官费不充的缘故，是不能去的。伦敦大学，心理科还算完备的。但究竟怎样？只好将来再说了。

Univetsity College 的由来，很有趣。一百年前，大陆上的大学已经把教育和宗教分做两件事，而英国的牛津、剑桥还是限制宗教很严的。于是伦敦有个新运动，要设一个大陆式的大学，去宗教的限制，注重新学科，男女合校——就是牛津、剑桥两个大学的反动——于是有了一个 London University。但财力规模小得很了。于是又有一个反反动，而生了伦敦的 Kins, College，专以牛津、剑桥为榜样，男女是不合校的。彼此争了一个"不亦乐乎"。英国巴力门总不通过伦敦大学议案，后来侥幸通过了，而英王的顾问拒绝盖玺，这其中牛津飞剑桥所加的阻力很多。后来生了一个迁就的办法，收 London University 为 University College，另设一包括若干学校的总部，名伦敦大学。这个历史上的遗传，University College 守之至于现在，所以在英国大学中，比较的算有新空气的。

（下略）

（1920 年）

导读　　这篇谈留英的文章在今天应该是比较受欢迎了，阅读本文，我们不仅了解了当年英国的一些情况，而且能够感受到傅斯年对于留学所做的充分准备，这对他日后的留学生涯产生了积极的作用，和傅斯年同去英国的俞平伯则因为思乡等原因只在英国停留了十余天便回国了。

要留学英国的人最先要知道的事

去年夏天，有几位同学写信给我，约我到英国后，把要留学英国所最要先知道的，如生活程度、入学考试等，告他。后来我在山东有朋友嘱托我，看看英国可否实行俭学的事，还有若干人要知道留学英国的情形的。我想，与其分头写信，不如总写在一块，可以写得完全些。而且据我揣想，今夏国内毕业的诸君要出来的必然很多，我写这篇文送给《晨报》登出来，或者是《晨报》的读者所乐闻。

既有留学的打算，先要有决心，再要选择国别，再要知道生活上读书上的事，再要知道出来的手续，大略够了。至于要知道某科在哪个学校里最发达，某科中最著名的教授是谁，某校的组织如何，某科的课程如何分配……一切远大无边的问题，除去把所有大学与所有学校的事务长集在一起，做一部和《古今图书集成》一般大小的大书以外，实无别样办法可以回答。各人所习的科目不同，颇不容易"越俎"相告。况且这些事都不是在国内所最要知道的事，到国外后再探访决定不迟。现在专说在国内所要知道的事。

第一事是下留学的决心。

这个问题里含着好几层意思。第一是求学到那个时候，才有留学的必要"？第二是"留学必备的条件有几"？第一件里有人很反对早留学。这话固然也有道理，但这不过是在教育方针上说话，不是要留学的。人所必要知道的。应以何种：程度派送，或（鼓）励或帮助人去留学，言之甚长，我是不主张晚送与严格的，就是主张晚送与严格，这也与有志自费者不相干。我有一篇《留学问题谈》，登在《晨报》，固可以翻阅。总而言之，学有规模后出来深造，固好；早早出来；也有特别的利益。程度上不成问题，只看各人的决心与毅力就是了。大学毕了业而后来也好，如此可以节省时间与财力；中学不曾进过而即来也好，如此可以彻底的求学，彻底的探寻欧化。这个问题是有志留学的人对此踌躇满志的，其实不成问题。

第二件却要注意，就是留学必备的条件有几呢？官费便不生经济的问题，自费便要为经济的打算，固然不必有数层保险的周到。也要有点冒险的精神，但也不宜太鲁莽，有旅费便出来，而全不为学费之打算，最少限度以有两年的学费的把握。如此办法，就是不幸两年后无以为继，而迫于回国，而此两年中也可学得不少的事物。

除此不论外，留学必备的条件，积极方面有两个，又有附带的一个，消极方面有一个。积极方面的两个；一个是身体上能耐劳苦，二个是心理上有坚忍性和集中力。附带的一个，是所往国之语气文字略有根底。消极的一个是，不可以留学为宦达之门径。在国外的生活，比在国内的生活刚硬得多。饮食衣服，固不能如在国内之随便，而一切用脚用手的地方，也要比在国内多得多。在国内有一种稀泥一般出软懒生活，在国外可没办法了。有秩序而不能苟率，自己做而不能杀人；投有出门便是的：人力车，旅行或迁居时，要自己负荷重载。从在上海上船的时候算起，直到将来回国在上海下船的时候为止，劳力的要求，时时有的。此外生活上、求学上虽有时极有爽快的境界，而劳苦固不可终免。

这是就身体上说，再就精神上说，更须有坚忍性。语言已经不是一件容易的事，专门的学问更不是草率得来的。有志而不能竟其志，立愿而不能赴其愿，都缘心理上不能坚定。大约初到国外，第一件着急的事是语言。因此便要以极短的时间，极少的劳力，收极大的效果，因此便似研究方法，为最要，而忘了刻苦用功，结果是一场空想。求时间与劳力的经济固是必要的，仅以不耐劳求速效的心理求它，是办不到的。总而言之，学问是刚性的，必须强记强思，强力戡定。必须有眠食俱废，死生皆忘的心理，它才被你征服。

附带的那个条件，有了有很多的方便处，但没有而有上两项的条件，补足也很容易。

消极的条件为什么必要注意呢？一来有了这种利达的心理，心思必是很多的，于是失了精神上的集中力，因此便难得坚忍。而又因以利达为志，便不以忍苦为当然，非特心理上不能坚定，即身体上亦难得奋斗，有此一条，便把积极的两条一笔勾销。二来因为留学的多了，国太对于留学的人也不如往时之迷信了，以留学达这目的，后来终不免于觉得"万事俱非"不如及早罢休。我这话原可不必说，不过我在国外的经验，使我不能不这样想呵。

照上文说，这个条件很宽，只是一个纯粹求学的大决心，与坚忍的强意志就够了。才力俱备皆不成问题。至于身体康健与否，也不必挂虑。因为强意志可以指挥不康健的身体，如同康健的一般。

第二事所去国的选择。

这固然是应当注意，而不该随便的事。但果然选择的不尽适宜，也不是没有补救的法子。所谓不尽适宜者，一是自己的性情与所去国的国民性不适；一是自己所要学的学问在所去国里并不最发达。但欧美的文化到现在已是大同的状态，就是不适宜，而以交通灌输的繁杂，所差实是有限，况且一种学问的最深层，谈来亦何容易！中国学子在初来的状况之下，此层还不易生问题纵然后来感觉不便，然后转国：而打根基时，在英、法、德、美四国，任何一处都差不甚多心所以据我看来，所去国的选择，不但是语言上的问题居多。就是说曾学过法文的，该往法国去；曾学过德文的，该往德国去；曾学过英文的，该往英、美去。如此办法，是不合理的，但是最要的，就是因为可以节省出学语言的时间去学学问。要是这三种语言都不曾有根底，那么，比较的以往法国为最方便，德国为次方便，美国我不敢说，英国是很不方便。为什么呢？一来法国人的性情比较的于中国为近。二来在法国人群中，比较的当比在英国的人群中所得为多；因为法国人好把所有的所能的一泄无余，英国人太深沉了。三来英国有工党，便不能如在法之勤工。四来英国生活程度高，学费贵，镑价昂，便难得减学。五来英国颇有阶级性（法国亦然），不能如美国学生之为人服役而取学费。

我道一些话，好像劝人不要到英国来的，其实不然。我不过是就各方面比较一下，说句老实话。规在有许多人，促进中法的知识关系，这是极好的现象。有的人说，"中法间国员性相同的很多，所以留学以法国为最宜"。这话在一种限度之内，我们绝对的承认。但若说得太过度了，而说，"拉丁人代表文化，条顿人代表野蛮"。一种限度以内的真实，竟不免被这全称的肯定与否定埋没了。我并且听见过一种极端的主张，说"只有法国可以留学，在别国留学，非特无益，而又有害"。又说"中国要学一种文化，就要为系统之学习，零星乱凑是不成功的"。现在既认定法国文化由中国学来最为方便，便应学：法国文化之全部系统，而不宜再去零碎的取别国的，因为不在一个系统之内，不能熔化。这可太过度了，所谓中法间国民性最接近者，乃此时观察所得之假定想，而非实验后之证据。况且所谓中法国民性相同者，张浔泉先生说得好："法国人的毛病，中国人都有；法国人的长处，中国人不大有。"毛病碰到毛病，真可谓"相得益彰"了。用一种国民性比较的相远，而可以纠正毛病的，是不是必要呢？况且中国人的个性是最参差不齐的，地方彩色的分别又很大。内里边先不一致，也很难作为一体，而说与某国一致。所谓中法文化相同者，我本承认。但本不过是泛论的一句话，而且是一句假定的话。细考起来，繁复得很，出入参差的许多。当年的中国维新家，主张中国改革的办法，唯一是吸收欧洲的帝国主义化与帝国主义的物质。后来又主张唯一的办法是改革政治。

现在这两说都根本失败了。但这两说都是在当时的状况现局之下，造出的一种有二部分的可通的见解。现在的泛法国化主义，虽然就高底上说，远不可与上两项比；但也是在现在的状况之下，造出的一种有一部分可通的见解。至于试验后之结果如何？成效有多少分？所谓相同者，其范围有多大小？此时都不能预定。纵然退一步说，泛法国主义化是绝然可信，为此后中国知识界趋向的大本营，但就中国人之多，个性之不同，地方色彩之不同上说，恐怕也有向别国求点补助修正的必要。据我此时粗略设想，中国将来所受的欧化，仍然要成一个自己消化的欧化。其中尽可有一二国的文化分子，比他国的文化分子强些，但决不是一个单纯的学哪一国。这都因为中国人的个性不齐一的缘故。

那么，在英国有什么特别的益处没有？据我粗想，也有一两条文化的进取；本分两个大潮流：一是理想派，我们可以说是大陆派；一是实际派，我们可以说是英美派。这两派是相得益彰的。就我个人的个性而论，我很不欢喜后一派。但既为平情之言，即不能不尊重自己以外的道理。在英国留学，短处是思想难得向远处发挥，而满眼所见，皆是些致用的事物。一切事物都不重铺排布置，而但求其有实效。一寸之地、一件织芥的事都要变成有用，收方便的效果而后已。这一种性质自然也是建设新中国很重要的一件德素，可以救中国人的病的。平情而论，中国人的书生气，太轻蔑物质了，经济的观念薄弱，民族的力量断难得强。所恶于今世之工商业者，是因为今世之工商业是私人资本的；而不是合作的。不是说工商业简直不必要，社会主义是去困穷——须赖以全力增加生产额——而不是去财富。这一点是英国比大陆上之法、德占优胜的。我个人的性情最和工商的性质刺谬，但我决不敢以私见抹倒了多面的观察。

以上是以英国与大陆比较而言，如就英国与美国比较，有两件事，英国稍占便宜。第一，英国去欧陆极近，假期便可在欧洲住。英国留学生没有不住过大陆的。人的第一益处，是多见变态。变态见的多，不特多得若干材料境界，而且可使思想力去单简而为多方面。英国留学生的英语，平均分数恐远不如美国留学生。但兼晓德文、法文之一种或两种者颇不少。第二，英国和中国同是老大国，美国是崭新的国家。英国人惯以迁就的手段为有益人生的建设，如学校，如工场，成就上绝不就简，而建设上力求因陋。这种状况很合中国的现状。如美国之一切崭新，浩大经营者，中国今日如何来得及？第三，英国学校的课程，较为繁重，读书研求的时间很多，学生交际的生活不重。英国人绝少美国人之群性，是其所短；英国人亦不如美国之无意识，是其所长。因为无谓的往远不多，学科的标准颇高，但能奋发力学、所得不能很少。但自治力较薄的人，就这样个人性、放任性的学校似不如就美国之合群性、管理性的学校好些（英国这样严格的、个性的、放任的教育，究竟对不对？另是一问题。这里专就外国人专意求学的方便上立论）。

第三事是略说几个英国的大学。

上文说过，这项是没法说的。现在只好略说一点我知道的就是。牛津与剑桥是两个最老的大学，那些仪式规矩还在中世纪里。但这两校的文学与纯粹科学，别的学校还比不上。教员都是最精深的。设备又最完全、收藏又最富，这两校为人诟病的地方，都因为它陈旧的很。这件事若为他们设想，实有急于改革之必要；但中国人来此求学，正不必定因其陈旧而陈旧。求学问但疑问某学校是否对这一科为最完全，至于思想如何，全是存乎其人的。牛津大学化学教授梭得，思想是最激的。中国大家知道的罗素现在仍回剑桥为讲师。至于学生中思想激迫的也复很多。我有一层感想，我以为旧学校不害其生新空气不浅。因为学校本旧的过度，而生的反动亦大。是埋没新空气的是商业性质的学校和浮浅的学校。一个学校这样，一个民族也这样。北大向以陈腐著名的，但当年比北大"漂亮"的学校，后来怎样呢？法国在大革命前是世界最旧的，俄国在大战前也是世界最旧的。但一转之后，为最先进，英国从来不曾旧过，结果是从来不曾新鲜过。

伦敦大学原是因牛津、剑桥的反动而设，空气自比牛津、剑桥新得多。

文、理、经济、医、工都好。因为它的历史不过百年，所以建设上当然不如牛津和剑桥的完备，但也有专长的科目，而各科教授也是第一等的学者。学文理科，而因经济上的问题，不能往牛津、剑桥，最好是在伦敦。又伦敦之经济学校，是世界著名的；而伦敦之帝国理工学校也很著名。

伦敦比牛津剑桥的优点有数项：一无宗教上之约束，二无古典主义。但若在牛津、剑桥专寻学问不问学位，则宗教之仪式，与拉丁、希腊及英国古文之骚扰，妨害不到自己。且宗教之仪式亦不过是具文而已。

满查斯特与葛拉斯与伯明罕是有新空气的，工科与教育科最著名。

爱丁堡的空气据说颇旧，但医科最著名，我对这个大学不很知道。

入学校不必问其学校全体之大小如何，但问我所学之科在某个学校最发达而已。常有小大学里于某一科最发达，所聘之教员为最高等，故不能以学校为断。

中国留英学生，以在爱丁堡飞葛拉斯哥、阿伯丁、里兹、剑桥、伦敦者居多。

工科以北美与南苏格兰为最发达，故中国学生往之者多。

第四事是用费。

这是因人而言的。但平均计算，也可略说一二。在牛津、剑桥可以花很多的钱。最俭大约三百六十镑可以够了；若做Non—Collegiate学生，听说三百镑也就够了（Non—Collegiate学生于读书上无不利，和Olksiate一样）。伦敦大学的最廉的是文科，每年约三十镑；最贵的是工科，每年约五十镑。此外各校的学费不等，以苏格兰为最廉，北英次之，南英颇昂。兹举其最廉最昂，而分列之：

文科：每年由八镑至三十镑。

理科：每年由十五镑至五十镑。

法商经济科：每年由八镑至三十镑。

医科：每年由十五镑至五十镑。

工科：每年由二十镑至六十镑。其间差别很多，但如法国学费之轻，乃极少有。

贵价学校未必就是最好的。

至于一切用费，总合起来说，在伦敦住，每月二十镑，一切在内，为节俭而无害身体之限度，最少每年二百镑；再少就不能入大学了。在外省也差不多，苏格兰与北英之较廉者，因为学费少，生活程度都差不多；也有一百五十镑在伦敦敷衍过者，但理工科则绝不可能，又须是身体素健最能耐苦的人。

总之，如来英国，然后预备入大学，在预备期中，每月十镑已足。如在中国，学已有本源，来此舍大学而入研究班，十五镑一月已足。最贵的是大学时代。

问在英俭学怎么样？我固不能说绝对不可能，但情形不如法国处正多。第一是英国学费重，没有学校不是商业性质的。法国的国立大学学费极廉，且有不取学位便不用学费者。第二，英国战后损失较少，镑价高于法郎。生活程度既高，兑换上又不如法郎便宜。

第五事是入学试验。

如有在中学毕业的文凭与科目分数单，在苏格兰与北英、西英各大学，可免入学试验之一部。但英文永远不能免的，如有在大学或国立专门之毕业文凭，可兼免第一学年之一部或全部。牛津、剑桥、伦敦三校是不能免的，而伦敦一校之入学考试尤其琐碎。他校考英文，每指定若干书。伦敦专好出小题目，又没有范围、科学之科目，偶然还要问科学历史题。

大约各校入学考试所需要者为四种或五种。

（一）英文　须以文法热习，行文明白，稍读数种文学书为合格（英文学史亦宜稍知）。

（二）数学　范围与我国中学毕业程度相等，量但是要熟习的。

（三）外国语　以能与英文对译为合格，但几乎所有各大学皆许以中文代替，故此层可无虑。

（四）（五）两种文艺，或两种科学，均可。程度不必深；但须熟习。

这样看来，这入学考试是不必怕的。这些功课我们并不是为考试而学，实在是为将来求学上作计。这类根本知识，不可不有。

（四）（五）的选择，如系学文、法的人，近代史或英国史、地理等选择来很好。如系学科学的人，虚该就其所志以定选择。

我有几句话附带说一句。如是中学的科目不甚熟习的人，切不可急于入大学；因为就学问上说起，预备入大学的功课，比大学本身的功课还为要紧。英文熟习，一切方便。如是在中国大学已经毕业了的，切不可随便舍大学本级而入研究班。中国大学的程度，实在比国外差得多。还是要从根基上下手为好，如入大学，除非有特别情形，切不可随便选几科学去，要以人正级为宜。一来如此学有系统。二来有约束，便少中途怠懈的危险。如欲终身为学问的人，那么，大学三年不过是个始基，尤其要建筑得结结实实的。总而言之，不慕速成，专求实效。

在国内预备，要留心上文所说，入学考试几样。在国外预备，此处可不必说了。

第六事是出来时之准备日。

不消说得第一项要计划的是学费与川资。这项有头绪了，就要定船。现在定船颇不容易，所以是越卑越好。上海的朱少屏先生是最热心为人尽力的，以这事托他，最为妥当。其次就是护照，在北京向外交部办，在上海向交涉署办。

最要紧的是治装，必要的物件如下：

（1）深色薄哔叽或相等材料之衣服一套。

（2）白布衣两套（因船行热带之故）。

（3）棕色或黑色雨衣一件，不可如中国式，使它下面极长。材料用橡皮布、绵麻物即可。式样以不甚长而有束带者为相宜。如能做材料好的，兼为春秋大衣之用：固为方便，但取价恐不免稍昂。

（4）竹布衬衫三件以上。

（5）半打领子。

（6）草帽一顶。

（7）里衣上下身各半打（棉制者即可）。

（8）深口黑色皮鞋一双。

（9）中国鞋一双（拖鞋用）。

（10）皮腰带一或击带一。

（11）手绢至少一打。

（12）手包二个。

（13）衣服书籍箱子一个，一切须坚固，切不可随便用中国皮箱（但木制束铁筋眷即可，不必用全皮的）。

（14）所有扣带等零件以两套为宜，因认，备遗失。

（15）牙刷、牙粉、剃面刀之类。

（16）稍带助消化剂与泻剂、安眠剂之类。

有几件要注意的事：

（1）切不可多做衣服、多买东西。有人说，现在西洋物价贵，所以是在中国办好。这是不尽然的。西洋物价之贵，敌不上金价之贱。就是金价涨至六元，在西洋治西装，还要比在中国贱四分之一。况且这些东西都是西洋出产，运到中国，决无更贱之理。所以有人说在中国办为相应的缘故如下。在西洋住惯了的人，觉得一磅很贵，当年一磅十二元的观念未改，故见中国的市价以为很贱，而不知银价是大涨了（在中国初来的人，又另有四元一磅的观念，所认花金磅很随便，又犯了不忘旧观念的毛病）。有一位北京的阔部员在北京治装，用去千二百元十到英、法后，一算计，只须五百元就可在英、法作成了。

（2）我上文所说的只是应出国时之用，到英国后还要添补才够（须费三十镑）。

（3）切不可带些无聊的中国书、外国书。

（4）治装时与沿路用费，愈节省愈好。因省出钱来，达所抵地后，可以多买书看。但中国影印的古画之类，倒不妨带，可破旅居之寂寞。

此外还有几件事要知道的。

如有朋友在英国，最好是先期写信给他，说明要学的科目，他自当代你调查。如无朋友，可写信给留英中国学生总会，他们是最乐意为人帮忙的。

知道自己的船名了，便要把船名公司名与下岸地点，与约计之日期，写信告留英中国学生会书记。如在伦敦或其他有中国人的口岸，自然有人先时打听清楚，几时船进口岸，而去招待。

这些事如托私人的朋友，固然很好，但有几层要注意的：一是朋友的住址也或改过，信寄不到；二是朋友或不在所下船之处；三是如本不识此人，而由朋友介绍，在介绍的人当然熟识，但他所介绍及的人，未必好办这些事。所以于写信给朋友之外，还以面托学生会为最稳当。

下船的地方，以伦敦居多。如所搭系商船，或在利物浦、牛加苏下船。在伦敦上岸毫无问题，只须船将到岸前二三天，追一无线电至学生会，告以船到岸期，便毫无问题了。若不在伦敦上岸，那么，最好是下船时就决定几时赴伦敦，然后或住栈房，或不住栈房，查明火车时间与抵伦之站名，拍一电致学会，自有人往接。学会的住址如下：

Chinese Student Union。

36. BemmxtStreet

　　Russell SqUare

　　London. W. C. L.

　　England

如绕道法国来，可于巴黎少住。

沿路各埠，风景绝好，不可不看。但不要忘了回船的路，不要误了开船的时期。这话其实不必说，但我亲见中国人因此大吃其苦。

一切的事要请一位曾留英国的做顾问。

一切礼节事项，可参看清华出版的Information for Chinese Students Going to U.S.A，这本小册子很有用处。

（1920年）

导读　本文是一篇研究《老子》的学术文章，文字佶屈聱牙，非常难读，傅斯年深厚的国学根底可见一斑。

《老子》五千言之作者及宗旨

汪容甫《老子考异》一文所论精澈，兹全录之如下：

《史记·孔子世家》云："南宫敬叔与孔子俱适周问礼，盖见老子云。"《老庄申韩列传》云："孔子适周，问礼于老子。"按，老子言行今见于曾子问者凡四，是孔子之所从学者可信也。夫助葬而遇日食，然且以见星为嫌，止柩以听变，其谨于礼也如是，至其书则曰："礼者忠信之薄，而乱之首也。"下殇之葬，称引周召史佚，其尊信前哲也如是；而其书则曰："圣人不死，大盗不止。"彼引乖违甚矣！故郑注谓古寿考者之称，黄东发《日抄》亦疑之，而皆无以辅其说。其疑一也。《本传》云："老子楚苦县厉乡曲仁里人也。"又云："周守藏室之史也。"按周室既东，辛有入晋（《左传》昭二十年），司马适秦（《太史公自序》），史角在鲁（《吕氏春秋·当染篇》），王官之符，或流播于四方，列国之产，惟晋悼尝仕于周，其他固无闻焉。况楚之于周，声教中阻，又非鲁郑之比。且古之典籍旧闻，惟在瞽史，其人并世官宿业，羁旅无所置其身。其疑二也。《本传》又云："老子，隐君子也。"身为王官，不可谓隐。其疑三也。今按《列子·黄帝》《说符》二篇，凡三载列子与关尹子答问之语。（《庄子·

达生篇》与《列子·黄帝篇》文同，《吕氏春秋·审己篇》与《列子·说符篇》同。）而列子与郑子阳同时，见于本书。《六国表》："郑杀其相驷子阳。"在韩列侯二年，上距孔子之殁凡八十二年。关尹子之年世既可考而知，则为关尹著书之老子，其年亦从可知矣。《文子·精诚篇》引《老子》曰："秦楚燕魏之歌，异传而皆乐。"按，燕终春秋之世，不通盟会。《精诚篇》称燕自文侯之后始与冠带之国（燕世家有两文公，武公子文公，《索隐》引《世本》作闵公，其事迹不见于《左氏春秋》，不得谓始与冠带之国。桓公子亦称文公，司马迁称其予车马金帛以至赵，约六国为纵，与文子所称时势正合）。文公元年上距孔子之殁凡百二十六年，《老子》以燕与秦楚魏并称，则《老子》已及见文公之始强矣。又魏之建国，上距孔子之殁凡七十五年，而《老子》以之与三国齿，则《老子》已及见其侯矣。《列子·黄帝篇》载老子教杨朱事。（《庄子·寓言篇》文同，惟以朱作子居，今江东读朱如居，张湛注《列子》云：朱字子居，非也。）《杨朱篇》禽子曰："以子之言问老聃、关尹则子言当矣，以吾言问大禹、墨翟，则吾言当矣。"然则朱固老子之弟子也。又云："端木叔者，子贡之世也。"又云："其死也，无瘗埋之资。"又云："禽滑厘曰：端木叔，狂人也，辱其祖矣。段干生曰：端木叔，达人也，德过其祖矣。"朱为老子之弟子，而及见子贡之孙之死，则朱所师之老子不得与孔子同时也。《说苑·政理篇》："杨朱见梁主，言治天下如运诸掌。"梁之称王自惠王始，惠王元年上距孔子之殁凡百十八年；杨朱已及见其王，则朱所师事之老子其年世可知矣。《本传》云："见周之衰，乃遂去，至关。"抱朴子以为散关，又以为函谷关。按，散关远在岐州，秦函谷关在灵宝县，正当周适秦之道，关尹又与郑之列子相接，则以函谷为是。函谷之置，旧无明文。当孔子之世，二崤犹在晋地，桃林之塞，詹瑕实守之。惟贾谊《新书·过秦篇》云："秦孝公据崤函之固。"则是旧有其地矣。秦自躁怀以后，数世中衰，至献公而始大，故《本纪》献公二十一年："与晋战于石门，斩首六万。"二十三年:"与魏晋战少梁,虏其将公孙痤。"然则是关之置,在献公之世矣。由是言之,孔子所问礼者聃也,其人为周守藏室之史,言与行则曾子问所在者是也。周太史儋见秦献公,《本纪》在献公十一年,去魏文侯之殁十三年,而老子之子宗为魏将封于段干(《魏世家》,安釐王四年魏将段干子请予秦南阳以和。《国策》,华军之战,魏不胜秦,明年将使段干崇割地而讲。《六国表》,秦昭王二十四年。白起击魏华阳军。按,是时上距孔子之卒,凡二百一十年),则为儋之子无疑。而言道德之意五千余言者,儋也。其入秦见献公,即去周至关之事。《本传》云:"或曰,儋即老子。"其言题矣。至孔子称老莱子,今见于太傅礼卫将军文子篇,《史记·仲尼弟子列传》亦载其说,而所云贫而乐者,与隐君子之文正合。老莱之为楚人,又见《汉书·艺文志》,盖即苦县厉乡曲仁里也。而老聃之为楚人,则又因老莱子而误,故《本传》老子语孔子"去子之骄色与多欲,态心与淫志"。而《庄子·外物篇》则曰,老莱子谓孔子"去汝躬矜与汝容知"。《国策》载老莱子教孔子语,《孔丛子·抗志篇》以为老莱子语子思,而《说苑·敬慎篇》则以为常枞教老子(《吕氏春秋·慎大篇》,表商容之闾。高诱注,商容,殷之贤人,老子师也。商常客枞音近而误。《淮南·主术训》,表商客之闾,注同。《缪称训》:老子学商容,见舌而知守柔矣。《吕氏春秋·离谓篇》:箕子商容以此穷。注,商容,纣时贤人,老子所从学也)。然则老莱子之称老子也旧矣。实则三人不相蒙也。若《庄子》载老聃之言,率原于道德之意,而《天道篇》载孔子西藏书于周室,尤误后人。"寓言十九",固已自揭之矣。

容甫将《老子列传》中之主人分为三人,而以著五千文者为史儋,孔子问礼者为老聃,家于苦县者为老莱子。此种分析诚未必尽是,然实是近代考证学最秀美之著作。若试决其当否,宜先审其推论所本之事实,出自何处。一、容甫不取《庄子》,以为"寓言十九,固自揭之"。按,今本《庄子》,实向秀、郭象所定之本（见《晋书·本传》），西晋前之庄子面目，今已不可得见，郭氏于此书之流行本，大为删刈。《经典释文》卷一引之曰："故郭子云，一曲之才，妄窜奇说，若关奕意修之首，危言游凫子胥之篇，凡诸巧杂十分有三。"子玄非考订家，其所删削，全凭自己之理会可知也。庄子之成分既杂，今本面目之成立又甚后（说详下文释《庄子》节），则《庄子》一书本难引为史料。盖如是后人增益者，固不足据，如诚是自己所为，则"寓言十九，固自己揭之"也。《庄子》书中虽有与容甫说相反者，诚未足破之。二、容甫引用《列子》文，《列子》固较《庄子》为可信耶？《列子》八篇之今本，亦成于魏晋时，不可谓其全伪，以其中收容有若干旧材料也。不可谓其不伪，以其编制润色增益出自后人也。《列子》书中所记人事，每每偶一复核，顿见其谬者；今证老子时代，多取于此。诚未可以为定论。

然有一事足证汪说者，《史记》记老子七代孙假仕汉文朝，假定父子一世平均相差三十五年不为不多，老子犹不应上于周安王。安王元年，上距孔子之生犹百余年。且魏为诸侯在威烈王二十三年（西历前403），上距孔子之卒（西历前479）七十六年，若老子长于孔子者，老子之子焉得如此之后？又《庄子·天下篇》（《天下篇》之非寓言，当无异论），关尹、老聃并举，关尹在前，老聃在后。关尹生年无可详考，然周故籍以及后人附会，无以之为在诸子中甚早者；关尹如此，老子可知。《史记》记老子只四事：一、为周守藏史；二、孔子问礼；三、至关见关尹；四、子宗仕魏。此四事除问礼一事外，无不与儋合（儋为周史，儋入关见秦献公，儋如有子，以时代论恰可仕于魏）。容甫所分析宜若不误也。五千言所谈者，大略两端：一、道术；二、权谋。此两端实亦一事，道术即是权谋之扩充，权谋亦即道术之实用。"知其雄，守其雌，为天下溪；知其荣，守其辱，为天下谷"；"人皆取先，己独取后"云云者，固是道术之辞，亦即权谋之用。五千言之意，最洞澈世故人情，世当战国，人识古今，全无主观之论，皆成深刻之言。"将欲取之，必故与之"；即荀息灭虢之策，阴谋之甚者也。"夫惟弗吾，是以不去"；即所谓"精华既竭，蹇裳去之"者之廉也。故《韩非子》书中《解老》《喻老》两篇所释者，诚《老子》之本旨，谈道术乃其作用之背景，阴谋术数乃其处世之路也。"当其无有车之用"，实帝王之术。"国之利器，不可示人"，亦御下之方。至于柔弱胜刚强，无事取天下，则战国所托黄帝、殷甲、伊尹、太公皆如此旨。并竞之世，以此取敌；并事一朝，以此自得。其言若抽象，若怪谲，其实乃皆人事之归纳，处世之方策。《解老》以人间世释之，《喻老》以故事释之，皆最善释老者。王辅嗣敷衍旨要，固已不及；若后之侈为玄谈，曼衍以成长论，乃真无当于《老子》用世之学者矣。《史记》称汉文帝好黄老刑名，今观文帝行事，政持大体，令不扰民，节用节礼，除名除华，居平勃之上。以无用为用，介强藩之中，以柔弱克之，此非庸人多厚福，乃是帷幄有深谋也。洛阳贾生，虽为斯公再传弟子，习于刑名，然年少气盛，侈言高论，以正朔服色动文帝，文帝安用此扰为？窦太后问辕固生《老子》何如，辕云："此家人言耳。"可见汉人于《老子》以为处世之论而已，初与侈谈道体者大不同，尤与神仙不相涉也。又汉初为老学者曰黄老，黄者或云黄帝，或云黄生（例如夏曾佑说）。黄生汉人，不宜居老之上。而《汉志》列黄帝者四目，兵家举黄帝风后力牧者，又若与道家混。是黄老之黄，乃指黄帝，不必有异论。五千文中，固自言"以正治国，以奇用兵，以无事取天下"；则无为之论，权谋术数之方，在战国时代诚可合为一势者矣。

综上所说，约之如下：五千文非玄谈者，乃世事深刻归纳。在战国时代，全非显学。孔子孟子固未提及，即下至战国末，荀子非十二子，老氏关尹不与，韩非斥显学，绝五蠹，道家黄老不之及；仅仅《庄子·天下篇》一及之，然所举关尹之言乃若论道，所称老聃之言只是论事。《庄子·天下篇》之年代，盖差前乎荀卿，而入汉后或遭润色者（说别详）。是战国末汉初之老学，应以《韩子·解》《喻》两篇者为正，文帝之治为其用之效，合阴谋，括兵家，为其域之广。留侯黄石之传说，河上公之神话，皆就"守如处女，出如脱兔"。之义敷衍之，进为人君治世之衡，退以其说为帝王师，斯乃汉初之黄，老面目。史儋以其职业多识前言往行，处六百年之宗主国，丁世变之极殷（战国初年实中国之大变，顾亭林曾论之），其制五千言固为情理之甚可能者。今人所谓"老奸巨猾"者，自始即号老矣。申、韩刑名之学，本与老氏无冲突处，一谈其节，一振其纲，固可以刑名为用，以黄、老为体矣。此老氏学最初之面目也。

"老学既黄"（戏为此词），初无须大变老氏旨也，盖以阴谋运筹帷幄之中，以权略术数决胜千里之外，人主之取老氏者本以此，则既黄而兵家权略皆入之，亦固其所。然黄帝实战国末汉初一最大神道，儒道方士神仙兵家法家皆托焉，太史公足迹所至，皆闻其神话之迹焉（见《五帝本纪·赞》）。则既黄而杂亦自然之势矣。老学一变而杂神仙方士，神仙方士初与老氏绝不相涉也（白居易诗"玄元圣祖五千言，不言药，不言仙，不言白日升青天"），神仙方士起于燕齐海上，太史公记之如此，本与邹鲁之儒学无涉，周郑三晋之道论（老子），官术（申韩），不相干。然神仙方术之说来自海滨，无世可纪，不得不比附显学以自重于当时。战国末显学儒墨也（见《韩非子》），故秦始皇好神仙方士，乃东游，竟至邹峄山，聚诸生而议之。其后怒求神仙者之不成功，大坑术士，而扶苏谏曰："诸生皆诵法孔子，今上皆重法绳之，臣恐天下不安。"坑术士竟成坑儒，则当时术士自附于显学之儒可知。儒者在战国时，曾西流三晋，南行楚吴；入汉而微，仅齐鲁之故垒不失。文景时显学为黄老，于是神仙方士又附黄老，而修道养性长寿成丹各说皆与老子文成姻缘，《淮南》一书，示当时此种流势者不少。故神仙方士之入于道，时代为之，与本旨之自然演化无涉也。

武帝正儒者之统，行阴阳之教，老学遂微。汉初数十年之显学。虽式微于上，民间称号终不可怠。且权柄刑名之论，深于世故者好取之，驭下者最便之，故宣帝犹贤黄老刑名，而薄儒术。后世治国者纵惯以儒术为号，实每每阴用黄、老、申、韩焉。又百家废后，自在民间离合，阴阳五行既已磅礴当世，道与各家不免借之为体，试观《七略》《汉志》论次诸子，无家不成杂家，非命之墨犹须顺四时而行（阴阳家说），其他可知矣。在此种民间混合中，老子之号自居一位，至于汉末而有黄巾道士，斯诚与汉初老学全不相涉也。

东汉以来，儒术凝结，端异者又清澈之思，王充仲长统论言于前，王弼、钟会注书于后，于是老氏之论复兴。然魏、晋之老乃庄老，与汉初黄、老绝不同。治国者黄、老之事，玄谈者庄、老之事。老、庄之别，《天下篇》自言之，老乃世事洞明，而以深刻之方术驭之者；庄乃人情练达，终于感其无可奈何，遂"糊里糊涂以不了了之"者。魏、晋间人，大若看破世间红尘，与时俯仰，通其狂惑（如阮嗣宗），故亦卮言曼行，"以天下为沉浊不可与庄语"，此皆庄书所称。若老子则有积极要求，潜藏虽有之，却并非"不谴是非以与世俗处"者。干令升《晋纪·总论》云："学者以庄老为宗而绌六经"，不言老庄。太史公以庄释老，遂取庄书中不甚要各篇，当时儒道相绌之词，特标举之。甚不知庄生自有其旨。魏晋人又以老释庄，而五千言文用世之意，于以微焉。例如何平叔者，安知陈、张、萧、曹之术乎？乃亦侈为清谈，超机神而自比于犹龙，志存吴，蜀，忘却肘腋之患，适得子房之反，运筹千里之外，决败帷幄之中矣。此种清谈决非《老子》之效用也。

老学之流变既如上述，若晋人葛洪神仙之说，魏人寇嫌之符箓之术，皆黄巾道士之支与裔，与老子绝无涉者。老莱子一人，孔子弟子列传既引之，大约汉世乃及战国所称孔子问礼之事每以老莱子当之，以老聃当之者，其别说也。孔子事迹后人附会极多，今惟折衷于《论语》，差为近情。《论语》未谈孔子问礼事，然记孔子适南时所受一切揶揄之言，如长沮、桀溺、荷蓧丈人、接舆等等，而风兮之叹流传尤多。孔子至楚乃后来传说，无可考证，若厄陈、蔡则系史实。苦为陈邑，孔子卒时陈亡于楚，则老莱子固可为孔子适陈、蔡时所遇之隐君子，苦邑人亦可因陈亡而为楚人厉，之与莱在声音上同纽，或亦方言之异也。老莱子责孔子以"去汝躬矜与汝容知"之说，容有论事，则老莱亦楚狂一流之人，不然，亦当是凭借此类故事而生之传说，初无涉乎问礼。及老聃（或史儋）之学浸浸与显学之儒角逐，孔老时代相差不甚远，从老氏以绌儒学者，乃依旧闻而造新说，遂有问礼之论，此固是后人作化胡经之故智。六朝人可将老聃、释迦合，战国末汉初人独不可将仲尼、老聃合乎？《论语》、《孟子》《荀子》及《曲礼》、《檀弓》诸篇，战国儒家史今存之材料也，其中固无一言及此，惟《曾子问》三言之。今观《曾子·檀弓问》所记，皆礼之曲节，阴阳避忌之言，传曾掌故之语，诚不足当问礼之大事。明堂《戴记》中，除《曲礼》数篇尚存若干战国材料外，几乎皆是汉博士著作或编辑，前人固已言其端矣。（太史公、班孟坚、卢植明指《王制》为汉文时博士作，甚显之《中庸》，亦载"今天下车同轨"及"载华岳而不重"之言。）

附记：韩文公已开始不信问礼事，《原道》云："老者曰，孔子吾师之弟子也，为孔子者习闻其说，乐其诞而自小也，亦曰吾师亦尝师之云尔。不惟举之于其口，而又笔之于其书。"然《史记》一书杂老学，非专为儒者。

儋、聃为一人，儋、聃亦为一语之方言变异。王船山曰："老聃亦曰太史儋，儋、聃音盖相近。"毕沅曰："古赡、儋字通。《说文解字》有聃云：'耳曼也。'又有瞻字云：'垂耳也，南方赡耳之国。'《大荒北经》《吕览》赡耳字并作儋。又《吕览》老聃字，《淮南王书》赡耳字皆作耽。《说文解字》有耽字云：'耳大垂也。'盖三字声义相同，故并借用之。"此确论也。儋、聃既为一字之两书，孔子又安得于卒后百余年从在秦献公十一年入关之太史儋问礼乎？总而言之，果著五千文者有人可指当为史儋，果孔子适南又受揶揄，当为老莱子也。

上说或嫌头绪不甚清晰，兹更约述之。

一、《老子》五千言之作者为太史儋，儋既为老聃，后于孔子。此合汪、毕说。

二、儋、聃虽一人，而老莱则另一人，莱、厉或即一语之转。

三、孔子无问礼事，《曾子问》不可据。问礼说起于汉初年儒老之争。

四、始有孔子受老莱子揶揄之传说，后将老子代老莱。假定如此。

五、《老子》书在战国非显学，入汉然后风靡一世。

六、老、庄根本有别，《韩子》书中《解老》《喻老》两篇，乃得《老子》书早年面目者。

《庄子》书最杂，须先分析篇章然后可述说指归，待于下篇中详辨之。

（1927年）

┃导读┃ 《与顾颉刚论古史书》是傅斯年历史研究的代表作品，学术性较强，对中国的历史感兴趣的朋友或可仔细品读。

与顾颉刚论古史书（节选）

颉刚足下：

我这几年到欧洲，除最初一时间外，竟不曾给你信，虽然承你累次的寄信与著作。所以虽在交情之义激如我们，恐怕你也轻则失望，重则为最正当之怒了。然而我却没有一天不曾想写信给你过，只是因为我写信的情形受牛顿律的支配，"与距离之自成方之反转成比例"，所以在柏林朋友尚每每通信以代懒者之行步，德国以外已少，而家信及国内朋友信竟是稀得极利害，至于使老母发白。而且我一向懒惰，偶然以刺激而躁动一下子，不久又回复原状态。我的身体之坏如此，这么一个习惯实有保护的作用，救了我一条命。但因此已使我三年做的事不及一年。我当年读嵇叔夜的信说自己那样懒法，颇不能了解，现在不特觉得他那样是自然，并且觉得他懒得全不尽致。我日日想写信给你而觉得拿起笔来须用举金箍棒之力，故总想"明天罢"。而此明天是永久不来的明天，明天，明天……至于今天，或者今天不完，以后又是明天，明天，明天……这真是下半世的光景！对于爱我的朋友如你，何以为情！

私事待信末谈，先谈两件《努力周报》上事物。在当时本发愤想写一大篇寄去参加你们的论战，然而以懒的结果不曾下笔而"努力"下世。我尚且仍然想着，必然写出寄适之先生交别的报登，窃自比季子挂剑之义，然而总是心慕者季子，力困若叔夜，至今已把当时如泉涌的意思忘到什七八，文章是做不成的了，且把尚能记得者寄我颉刚，潦草，不像给我颉刚的信，但终差好于无字真经。只是请你认此断红上相思之字，幸勿举此遐想以告人耳。

第一件是我对于丁文江先生的《历史人物与地理的关系》一篇文章的意见。（以下见《评丁文江〈历史人物与地理的关系〉》文，不复载。）

其二、论颉刚的古史论。三百年中，史学、文籍考订学，得了你这篇文字，而有。"大小总汇"。三百年中所谓汉学之一路，实在含括两种学问：一是语文学；二是史学、文籍考订学。这俩以外，也更没有什么更大的东西；偶然冒充有之，也每是些荒谬物事，如今文家经世之论等。拿这两样比着看，量是语文学的成绩较多。这恐怕是从事这类的第一流才力多些，或者也因为从事这科，不如从事史学、文籍考订者所受正统观念限制之多。谈语言学者尽可谓"亦既觏止"之觏为交媾，"握椒"之为房中药。汉宋大儒，康成、元晦，如此为之，并不因此而失掉他的为"大儒"。若把"圣帝明王"之"真迹"布出，马上便是一叛道的人。但这一流比较发达上差少的史学考订学，一遇到颉刚的手里，便登时现出超过语文学已有的成绩之形势，那么你这个古史论价值的大还等我说吗！这话何以见得呢？我们可以说道，颉刚以前，史学考订学中真正全是科学家精神的，只是阎若璩、崔述几个人。今文学时或有善言，然大抵是些浮华之士；又专以门户为见，他所谓假的古文，固大体是假，他所谓真的今文，亦一般的不得真。所有靠得住的成绩，只是一部《古文尚书》和一部分的左氏《周官》之惑疑（这也只是提议，未能成就）；而语文那面竟有无数的获得。但是，这语文学的中央题目是古音，汉学家多半"考古之功多，审音之功浅"，所以最大的成绩是统计的分类通转，指出符号来，而指不出实音来。现在尚有很多的事可作；果然有其人，未尝不可凌孔鑫轩而压倒王氏父子。史学的中央题目，就是你这"累层的造成的中国古史"，可是从你这发挥之后，大体之结构已备就，没有什么再多的根据物可找。前见《晨报》上有李玄伯兄一文，谓古史之定夺要待后来之掘地。诚然掘地是最要事，但不是和你的古史论一个问题。掘地自然可以掘出些史前的物事，商周的物事，但这只是中国初期文化史。若关于文籍的发觉，恐怕不能很多（殷墟是商社，故有如许文书的发现，这等事例岂是可以常希望的）。而你这一个题目，乃是一切经传子家的总锁钥，一部中国古代方术思想史的真线索，一个周汉思想的摄镜，一个古史学的新大成。这是不能为后来的掘地所掩的，正因为不在一个题目之下，岂特这样，你这古史论无待于后来的掘地，而后来的掘地却有待于你这古史论。现存的文书如不清白，后来的工作如何把他取用。偶然的发现不可期，系统的发掘须待文籍整理后方可使人知其地望。所以你还是在宝座上安稳的坐下去罢，不要怕掘地的人把你陷了下去。自然有无量题目要仔细处置的，但这都是你这一个中央思想下的布列。犹之乎我们可以造些动力学的 Theorem，但这根本是 Newton 的。我们可以研究某种动物或植物至精细，得些贯通的条理，但生物学的根本基石是达尔文。学科的范围有大小，中国古史学自然比力学或生物学小得多。但他自是一种独立的，而也有价值的学问。你在这个学问中的地位，便恰如牛顿之在力学，达尔文之在生物学。去年春天和志希、从吾诸位谈，他们都是研究史学的。"颉刚是在史学上称王了，恰被他把这个宝贝弄到手；你们无论再弄到什么宝贝，然而以他所据的地位在中央的缘故，终不能不臣于他。"我以不弄史学而幸免此危，究不失为"光武之故人也"。几年不见颉刚，不料成就到这么大！这事原是在别人而不在我的颉刚的话，我或者不免生点嫉妒的意思，吹毛求疵，硬去找争执的地方；但早晚也是非拜倒不可的。

颉刚，我称赞你够了么！请你不要以我这话是朋友的感情；此间熟人读你文的，几乎都是这意见。此时你应做的事，就是赶快把你这番事业弄成。我看见的你的文并不全，只是《努力》《读书杂志》九，十，十一，十二，十四（十三号未见过，十四后也未见过）所登的。我见别处登有你题目，十四号末又注明未完；且事隔已如此之久，其间你必更有些好见解，希望你把你印出的文一律寄我一看。看来禹的一个次叙，你已找就了，此外的几个观念，如尧、舜、神农、黄帝、许由、仓颉等等，都仔细照处理禹的办法处置他一下子。又如商汤、周文、周公虽然是真的人，但其传说也是历时变的。龟甲文上成汤并不称成汤，《商颂》里的武王是个光大商业，而使上帝之"命式于九围"的，克夏不算重事。《周诰》里周公说到成汤，便特别注重他的"革夏"，遂至结论到周之克殷，"于汤有光"的滑稽调上去（此恰如玄烨谀孝陵的话）。到了孟子的时代想去使齐梁君主听他话，尤其是想使小小滕侯不要短气，便造了"汤以七十里兴，文王以百里兴"的话头，直接与《诗·颂》矛盾。到了嵇康之薄汤武，自然心中另是一回事。至于文王、周公的转变更多。周公在孔子正名的时代，是建国立制的一个大人物。在孟子息邪说诐议行的时代，是位息邪说诐诐行的冢相。在今文时代，可以称王。在王莽时代，变至居摄。到了六朝时，真个的列爵为五，列卿为六了，他便是孔子的大哥哥，谢夫人所不满意事之负责任者（可惜清朝初年不文，不知"文以诗书"，只知太后下嫁。不然，周公又成多尔衮；这恐怕反而近似）。这样变法，岂有一条不是以时代为背景。尤其要紧的，便是一个孔子问题。孔子从《论语》到孔教会翻新了的梁漱溟，变了真正七十二，而且每每是些剧烈的变化，简直摸不着头脑的。其中更有些非常滑稽的，例如苏洵是个讼棍，他的《六经论》中的圣人（自然是孔子和其他），心术便如讼棍。长素先生要做孔老大，要改制，便做一部《孔子改制托古考》其实新学伪经，便是汉朝的康有为做的。梁漱溟总还勉强是一个聪明人，只是所习惯的环境太陋了，便挑了一个顶陋的东西来，呼之为"礼乐"，说是孔家真传：主义是前进不能，后退不许，半空吊着，简直使孔丘活受罪。这只是略提一二例而已，其实妙文多着哩。如果把孔子问题弄清一下，除去历史学的兴味外，也可以减掉后来许多梁漱溟，至少也可以使后来的梁漱溟但为梁漱溟的梁漱溟，不复能为孔家店的梁漱溟。要是把历来的"孔丘七十二变又变……"写成一本书，从我这不庄重的心思看去，可以如欧洲教会教条史之可以解兴发噱。从你这庄重的心思看去，便是一个中国思想演流的反射分析镜，也许得到些中国历来学究的心座（Freudian Complexes）来，正未可料。

你自然先以文书中选择的材料证成这个"累层地"，但这个累层地的观念大体成后，可以转去分析各个经传子家的成籍。如此，则所得的效果，是一部总括以前文籍分析，而启后来实地工作的一部古史，又是一部最体要的民间思想流变史，又立一个为后来证订一切古籍的标准。这话是虚吗？然则我谓他是个"大小总汇"，只有不及，岂是过称吗？

大凡科学上一个理论的价值，决于他所施作的度量深不深，所施作的范围广不广，此外恐更没有什么有形的标准。你这个古史论，是使我们对于周汉的物事一切改观的，是使汉学的问题件件在他支配之下的，我们可以到处找到他的施作的地域来。前年我读你文时，心中的意思如涌泉。当时不写下，后来忘了一大半。现在且把尚未忘完的几条写下。其中好些只是你这论的演绎。

三　在周汉方术家的世界中几个趋向

我不赞成适之先生把记载老子、孔子、墨子等等之书呼作哲学史。中国本没有所谓哲学。多谢上帝，给我们民族这么一个健康的习惯。我们中国所有的哲学，尽多到苏格拉底那样子而止，就是柏拉图的也尚不全有，更不必论到近代学院中的专技哲学，自贷嘉、莱布尼兹以来的。我们若呼子家为哲学家，大有误会之可能。大凡用新名词称旧物事，物质的东西是可以的，因为相同；人文上的物事是每每不可以的，因为多是似同而异。现在我们姑称这些人们（子家）为方术家。思想一个名词也以少用为是。盖汉朝人的东西多半可说思想了，而晚周的东西总应该说是方术。

禹、舜、尧、伏羲，黄帝等等名词的真正来源，我想还是出于民间。除黄帝是秦俗之神外，如尧，我拟是唐国（晋）民间的一个传说。舜，我拟是中国之虞或陈或荆蛮之吴民间的一个传说。尧、舜或即此等地方之君（在一时）。颛顼为秦之传说，喾为楚之传说，或即其图腾。帝是仿例以加之词（始只有上帝但言帝），尧、舜都是绰号。其始以民族不同方域隔膜而各称其神与传说：其后以互相流通而传说出于本境，迁土则变，变则各种之装饰出焉。各类变更所由之目的各不同，今姑想起下列几件：

（一）理智化——一神秘之神成一道德之王。

（二）人间化——一抽象之德成一有生有死之传。

又有下列一种趋势可寻：

满意于周之文化尤其是鲁所代表者（孔子）。

不满意于周之文化而谓孔子损益三代者。

举三代尽不措意，薄征诛而想禅让，遂有尧舜的化身。

此说又激成三派：

（1）并尧、舜亦觉得太有人间烟火气，于是有许由、务光。——与这极端反背的便是"诛华士"，《战国策》上请诛於陵仲子之论。

（2）宽容一下，并尧、舜、汤武为一系的明王。（《孟子》）

（3）爽性在尧、舜前再安上一个大帽子，于是有神农、黄帝、伏羲等等。

这种和他种趋势不是以无目的而为的。

上条中看出一个古道宗思想与古儒宗思想的相互影响，相互为因果。自然儒宗、道宗这名词不能安在孔子时代或更前，因为儒家一名不过是鲁国的名词，而道家一名必然更后，总是汉朝的名词，或更在汉名词"黄老"以后。《史记》虽有申不害学"黄老刑名以干昭侯"的话，但汉初所谓黄老实即刑名之广义，申不害学刑名而汉人以当时名词名之，遂学了黄老刑名。然而我们总可为这两个词造个新界说，但为这一段的应用。我们第一要设定的，是孔子时代已经有一种有遗训的而又甚细密的文化，对这文化的处置可以千殊万别，然而大体上或者可分为两项：

一、根本是承受这遗传文化的，但愿多多少少损益于其中。我们姑名此为古儒宗的趋势。

二、根本上不大承认，革命于其外。我们姑名此为古道宗的趋势。

名词不过界说的缩短，切勿执名词而看此节。我们自不妨虚位的定这二事为 AB，但这种代数法，使人不快耳。造这些名词如尧、舜、许由、务光、黄（这字先带如许后来道士气）帝、华士、神农，和《庄子》书中的这氏那氏，想多是出于古道宗，因为这些人物最初都含些道宗的意味。《论语》上的舜，南面无为。许行的神农，是并耕而食。这说自然流行也很有力，儒宗不得不取适应之法。除为少数不很要紧者造个谣言，说"这正是我们的祖师所诛"（如周公诛华士）外，大多数已于民间有势力者是非引进不可了。便把这名词引进，加上些儒家的意味。于是乎绝世的许由成了士师的皋陶（这两种人也有共同，即是俱为忍人）；南面无为的舜，以大功二十而为天子；并耕的神农本不多事，又不做买卖，而《易·系》的神农、"耒耨之利，以教天下"，加上做买卖，虽许子亦应觉其何以不惮烦也。照儒宗的人生观，文献征者征之，本用不着造这些名词以自苦；无如这些名词先已在民间成了有势力的传说，后又有道宗手中成了寄理想的人物，故非取来改用不可。若道宗则非先造这些非历史的人物不能资号召。既造，或既取用，则儒宗先生也没有别法对付，只有翻着面过来说："你所谓者正是我们的'于传有之'，不过我们的真传所载与你这邪说所称名一而实全不同，词一而谓全不同。"反正彼此都没有龟甲钟鼎做证据，谁也莫奈得谁何。这种方法，恰似天主教对付外道。外道出来，第一步是不睬。不睬不能，第二步便是加以诛绝，把这书们加入"禁书录"上。再不能，第三步便是扬起脸来说："这些物事恰是我们教中的。"当年如此对付希腊哲学，近世如此对付科学。天主教刑了伽利略，而近中天文学、算学在教士中甚发达。

我这一篇半笑话基于一个假设，就是把当年这般物事分为二流，可否？我想大略可以得，因为在一个有细密文化久年遗训的社会之下，只有两个大端：一是于这遗训加以承认而损益之，一是于遗训加以否认。一般的可把欧洲千年来的物事（直至19世纪末为止）分为教会的趋向与反教会的趋向。

何以必须造这一篇半笑话？我想，由这一篇半笑话可以去解古书上若干的难点。例如《论语》一部书，自然是一个"多元的宇宙"，或者竟是好几百年"累层地"造成的。如"凤鸟不至"一节，显然是与纬书并起的话。但所说尧舜禹诸端，尚多是抽象以寄其理想之词，不如孟子为舜象做一篇越人让兄陈平盗嫂合剧。大约总应该在孟子以前，也应该是后来一切不同的有事迹的人王尧舜禹论之初步。且看《论语》里的尧舜禹，都带些初步道宗的思想。尧是"无能名"，舜是"无为"。禹较两样些，"禹无间然"一段也颇类墨家思想之初步。然卑居处，薄食服，也未尝达于道宗思想。至于有天下而不与，却是与舜同样的了。凡这些点儿，都有些暗示我们：尧舜一类的观念起源应该在邻于道宗一类的思想，而不该在邻于儒宗一类的思想。

尧舜等传说之起，在道理上必不能和禹传说之起同源，此点颉刚言之详且尽。我想禹与墨家的关系，或者可以如下：禹本是一个南方民族的神道，一如颉刚说。大约宗教的传布，从文化较高的传入文化较低的民族中，虽然也多，然有时从文化较低的传到文化较高的，反而较易。例如耶稣教之入希腊罗马；佛教之由北印民族入希腊文化殖民地，由西域入中国；回教之由阿拉伯入波斯（此点恐不尽由武力征服之力）。大约一个文化的社会总有些不自然的根基，发达之后，每每成一种矫揉的状态，若干人性上初基的要求，不能满足或表现。故文化越繁丰，其中越有一种潜流，颇容易感受外来的风气，或自产的一种与上层文化不合的趋向。佛教之能在中国流行，也半由于中国的礼教、道士、黄巾等，不能满足人性的各面，故不如礼教、道士、黄巾等局促之佛教，带着迷信与神秘性，一至中国，虽其文化最上层之皇帝，亦有觉得中国之无质，应求之于印度之真文。又明末天主教入中国，不多时间，竟沿行于上级士大夫间，甚至皇帝受了洗；（永历皇帝），满洲时代，耶稣会士竟快成玄烨的国师。要不是与政治问题混了，后来的发展必大。道光后基督教之流行，也很被了外国经济侵略武力侵略之害。假如天主耶稣无保护之强国，其销路必广于现在。我们诚然不能拿后来的局面想到春秋初年，但也难保其当年不有类似的情形。这一种禹的传说，在头一步传到中国来，自然还是个神道。但演进之后，必然向别的方面走。大约墨家这一派信仰，在一般的社会文化之培养上，恐不及儒家，墨子虽然也道诗书，但这究竟不是专务雅言。这些墨家，抓到一个禹来作人格的标榜，难道有点类似佛教入中国，本国内自生宗派的意思吗？儒家不以孔名，直到梁漱溟才有孔家教；而墨家却以墨名。这其中或者是暗示墨子造作，孔丘没有造作，又墨经中传有些物理学、几何学、工程学、文法学、名学的物事。这或者由于当年儒家所吸收的人多半是些中上社会，只能谈人文的故事，雅言诗书执礼。为墨家所吸收的，或者偏于中下社会，其中有些工匠技家，故不由得包含着这些不是闲吃饭的物事下来，并非墨家思想和这些物事有何等相干。大约晚周的子家最名显的，都是些游谈之士，大则登卿相，小则为清客，不论其为是儒家或道家，孟轲或庄周。儒家是吸收不到最下层人的，顶下也是到士为止。道家也是Leisured阶级之清谈。但如许行等等却很可以到了下层社会。墨家却非行到下层社会不为功。又墨家独盛于宋，而战国子家说到傻子总是宋人，这也可注意。或者宋人当时富于宗教性，非如周郑人之有Sophistry，邹鲁人之Conventional！？

至于汉朝思想趋势中，我有两个意思要说。一、由今文到纬书是自然之结果。今文把孔子抬到那样，舍成神道以外更无别法。由《易经》到纬书不容一发。今文家把他们的物事更民间化些，更可以共喻而普及，自然流为纬学。信今文必信孔子之超人入神；信孔子如此加以合俗，必有祯祥之思想。二、由今文反动出古文，是思想的进步。造伪经在现在看来是大恶，然当时人借此寄其思，诚恐不觉其恶，因为古时著作人观念之明白决不如后人重也。但能其思想较近，不能以其造伪故而泯其为进步。古文材料虽伪，而意思每比今文合理性。

四 殷周间的故事

十年前，我以子贡为纣申冤一句话，想起桀、纣传说之不可信，因疑心桀纣是照着幽王的模型造的，有褒姒故有妲己等等。这因是少时一种怪想。后来到英国，见英国爵虽五等而非一源，因而疑心中国之五等爵也有参差，有下列涉想（德国爵亦非一源）：

公　公不是爵名，恐即与"君"字同义。三公周召宋公及王畿世卿都称公，而列国诸侯除称其爵外亦称公。公想是泛称人主之名，特稍尊耳。犹英语之Lord一称，自称上帝以至于世族无爵者之妻或仆称其夫或主。如德国语之Herr亦自上帝称到一切庶人。宋是殷后，王号灭犹自与周封之诸侯不同，故但有泛称而无诸侯之号。其所以列位于会盟间次于伯而先于其他一切诸侯者，正因其为殷后，不因其称公。如若传说，一切诸侯自称公为僭，则鲁颂"乃命周公，俾侯于东"，岂非大大不通。

子　遍检春秋之子爵，全无姬姓（除吴）。姬姓不封子；而封子爵者，凡有可考，立国皆在周前，或介戎狄，不与中国同列。莒子、郯子、邾子、杞子，古国也。潞子、骊子，不与中国之列者也。楚子，一向独立之大国也。吴子虽姬姓，而建国亦在周前。见殷有箕子微子，我遂疑子是殷爵，所谓子自是王子，同姓之号，及后来渐成诸侯之号，乃至一切异姓亦如此称。我疑凡号子者大多是殷封之国，亦有蛮夷私效之。要均与周室无关系（吴子楚子解见后）。

且看子一字之降级：

诸　　　侯——微子，箕子。

诸侯之大夫——季文子，赵简子。

士　　　人——孔子，孟子。

乃　至　于——小子，婊子。

这恰如老爷等名词之降级。明朝称阁学部院曰老爷，到清朝末年虽县知事亦不安于此而称大老爷。

至于侯，我们应该先去弄侯字古来究如何写法，如何讲法。殷亦有鬼侯、鄂侯、崇侯；鬼、鄂、崇，皆远方之邑，或者所谓侯者如古德意志帝国（神圣罗马帝国）之边侯（Markgraf）。在殷不特不见得侯大于子，而且微子箕子容或大于鬼侯鄂侯。周定后，不用子封人而一律用侯。以"新鬼大，故鬼小"之义，及"周之宗盟，异姓为后"之理，侯遂跑到子上。

同姓侯甚多，凡姬姓的非侯即伯。其异姓之侯，如齐本是大国，另论；如陈是姻戚，如薛也是周"先封"，都是些与周有关系的。

伯　这一件最奇。伯本与霸同字，应该很大。且受伯封者，如燕伯，召公之国也。如曹伯，"文之昭也"。如郑伯，平王依以东迁者也。如秦伯，周室留守，助平王东迁者也。然而爵均小于侯，岂不可怪。我疑心伯之后于侯，不是由于伯之名后于侯，而是由于封伯爵者多在后；或者伯竟是一个大名，愈后封而号愈滥，遂得大名，特以后封不能在前耳。

男　苦想只想到一个许男，或者由来是诸侯之诸侯？

以上的话只是凭空想，自然不能都对；但五等爵决非一源，且甚参差耳。

太伯入荆蛮，我疑心是伦常之变。伦常之变，本是周室"拿手好戏"，太王一下，周公一下，平王又一下。因太伯不得已而走，或者先跑到太王之大仇殷室，殷室封他为子爵，由他到边疆启上，所以武王伐纣时特别提出这件事，"唯四方之多罪逋逃是崇是用"。言如此之痛，正因有他之伯祖父在也（《牧誓》亦正不可信，此地姑为此戏想耳）。吴既不在周列，周亦莫奈他何，遂于中国封虞。吴仍其子爵，至于寿梦。吴民必非中国种，只是君室为太伯虞仲后耳。虞仲应即是吴仲。

齐太公的故事，《史记》先举三说而不能断。我疑心齐本是东方大国，本与殷为敌，而于周有半本家之雅（厥初生民，时惟姜嫄），又有亲戚（爰及姜女，聿来胥宇），故连周而共敌殷。《商颂》"相士烈烈，海外有截"，当是有汤前已有了北韩辽东，久与齐逼。不然，箕子以败丧之余，更焉能越三千里而王朝鲜；明朝鲜本殷地，用兵力所不及，遂不臣也。齐于周诸侯中受履略大，名号最隆——尚父文王师一切传说，必别有故。且《孟子》《史记》均认齐太公本齐人，后来即其地而君之。且《史记》记太公世家，太公后好几世，直到西周中晚，还是用殷法为名，不同周俗，可见齐自另一回事，与周之关系疏稀。《檀弓》所谓太公五世返葬于周，为无稽之谈也（如果真有这回事，更是以死骨为质的把戏）。齐周夹攻殷，殷乃不支，及殷被戡定，周莫奈齐何，但能忙于加大名，而周公自命其子卜邻焉。

世传纣恶，每每是纣之善。纣能以能爱亡其国，以多力亡其国，以多好亡其国，诚哉一位戏剧上之英雄，虽Siegfried何足道哉。我想殷周之际事可作一出戏，纣是一大英雄，而民疲不能尽为所用，纣想一削"列圣耻"，讨自亶父以下的叛虏，然自己多好而纵情，其民老矣，其臣迂者如比干，鲜廉寡耻如微子，箕子则为清谈，诸侯望包藏阴谋，将欲借周自取天下，遂与周合而夹攻，纣乃以大英雄之本领与运命争；终于不支，自焚而成一壮烈之死。周之方面，毫无良德，父子不相容，然狠而有计算，一群的北虏自有北虏的品德。齐本想不到周能联一切西戎南蛮，牧誓一举而定王号。及齐失望，尚想武王老后必有机会，遂更交周。不料后来周公定难神速，齐未及变。周公知破他心，遂以伯禽营少昊之墟。至于箕子，于亡国之后，尚以清谈归新朝，一如王夷甫。而微子既如谯周之劝降，又觉纣死他有益耳。

这篇笑话，自然不是辩古史，自然事实不会如此。然遗传的殷周故事，隆周贬纣到那样官样文章地步，也不见得比这笑话较近事实。

越想越觉世人贬纣之话正是颂纣之言。人们的观念真不同；伪孔《五子之歌》上说："内作色荒，外作禽荒。甘酒嗜音，峻宇雕墙"，此正是欧洲所谓Prince之界说，而东晋人以为"有一必亡"。内作色荒是圣文，外作禽荒是神武，甘酒嗜音是享受文化，峻宇雕墙是提倡艺术，有何不可，但患力不足耳。

周之号称出于后稷，一如匈奴之号称出于夏氏。与其信周之先世曾窜于戎狄之间，毋宁谓周之先世本出于戎狄之间。姬、姜容或是一支之两系。特一在西，一在东耳。

鲁是一个古文化的中心点，其四围有若干的小而古的国。曲阜自身是少昊之墟。吴容或为民族名，有少吴必有太吴，犹大宛小宛，大月氏小月氏也。我疑及中国文化本来自东而西：九河济淮之中，山东辽东两个半岛之间，西及河南东部，是古文化之渊源。以商兴而西了一步，以周兴而更西了一步。不然，此地域中何古国之多也。齐容或也是一个外来的强民族，遂先于其间成大国。

齐有齐俗，有齐宗教，虽与鲁近，而甚不同。大约当年邹鲁的文化人士，很看不起齐之人士，所以孟子听到不经之谈，便说是"齐东野人之语也"，而笑他的学生时便说："子诚齐人也，知管仲晏子而已矣"，正是形容他们的坐井观天的样子。看来当年齐人必有点类似现在的四川人，自觉心是很大的，开口苏东坡，闭口诸葛亮，诚不愧为夜郎后世矣。鲁之儒家，迂而执礼。齐之儒家，放而不经。如淳于髡、邹衍一切荒唐之词人，世人亦谓为儒家。

荆楚一带，本另是些民族，荆或者自商以来即是大国，亦或者始受殷号，后遂自立。楚国话与齐国话必不止方言之不同，不然，何至三年庄岳然后可知。孟子骂他们鴃舌，必然声音很和北方汉语不类。按楚国话语存在者，只有"谓乳彀；谓虎於菟"一语。乳是动词，必时有变动；而虎是静词，尚可资用。按吐蕃语虎为Stng，吐蕃语字前之S每在同族语中为韵，是此字易有线索，但一字决不能为证耳。又汉西南夷君长称精夫，疑即吐蕃语所谓Rgyal-po，唐书译为赞普者。《汉书·西南夷传》有几首四字诗对记，假如人能精于吐蕃语、太语、缅甸语，必有所发现。这个材料最可宝贵。楚之西有百濮，今西藏自称曰濮。又蛮闽等字音在藏文为人，或即汉语民字之对当？总之，文献不足，无从征之。

秦之先世必是外国，后来染上些晋文化，但俗与宗教想必同于西戎。特不解西周的风气何以一下子精光？

狄必是一个大民族。《左传》《国语》记他们的名字不类单音语。且说到狄，每加物质的标记，如赤狄、白狄、长狄等等。赤白又长，竟似印度日耳曼族的样子，不知当时吐火罗等人东来，究竟达到什么地方。

应该是中国了，而偏和狄认亲（有娀，简狄）。这团乱糟糟的样子，究竟谁是诸夏，谁是戎狄？

中国之有民族的、文化的、疆域的一统，至汉武帝始全功，现在人曰汉人，学曰汉学，土曰汉土，俱是最合理的名词，不是偶然的。秦以前本不一元，自然有若干差别。人疑生庄周之土不应生孔丘。然如第一认清中国非一族一化，第二认清即一族一化之中亦非一俗，则其不同亦甚自然。秦本以西戎之化，略收点三晋文俗而统一中国。汉但接秦，后来鲁国齐国又渐于文化上发生影响。可如下列看：

统一中国之国家者——秦。

统一中国之文教者——鲁。

统一中国之宗教者——齐。

统一中国之官术者——三晋。

此外未得发展而压下的东西多得很啦。所以我们觉得汉朝的物事少方面，晚周的物事多方面。文化之统一与否，与政治之统一与否相为因果；一统则兴者一宗，废者万家。

（1928年）

导读 　傅斯年一生担任过多个非常重要的职务，这其中就包括长期担任中央研究院历史语言研究所所长一职，在他的领导下，史语所成功完成了安阳殷墟发掘和甲骨文研究整理，对西南少数民族语言、习俗的调查，对西北的考古等重要工作，本文是傅斯年作为史语所所长对史语所工作性质的简要概括。

历史语言研究所工作之旨趣

历史学和语言学在欧洲都是很近才发达的。历史学不是著史；著史每多多少少带点古世中世的意味，且每取伦理家的手段，作文章家的本事。近代的历史学只是史料学，利用自然科学供给我们的一切工具，整理一切可逢着的史料，所以近代史学所达到的范域，自地质学以至目下新闻纸，而史学外的达尔文论，正是历史方法之大成。欧洲近代的语言学，在梵文的发见影响了两种古典语学以后才降生，正当十八十九世纪之交。经几个大家的手，印度日耳曼系的语言学已经成了近代学问最光荣的成就之一个，别个如赛米的系，芬匈系，也都有相当的成就，即在印度支那语系也有有意味的揣测。十九世纪下半的人们又注意到些个和欧洲语言全不相同的语言，如黑人的话等等，"审音之功"更大进步，成就了甚细密的实验语音学。而一语里面方言研究之发造，更使学者知道语言流变的因缘，所以以前比较言语学尚不过是和动物植物分类学或比较解剖学在一列的，最近一世语言学所达到的地步，已经是生物发生学、环境学、生理学了。无论综比的系族语学，如印度日耳曼族语学等等，或各种的专语学，如日耳曼语学、芬兰语学、伊斯兰语学等等，在现在都成大国。本来语言即是思想，一个民族的语言即是这一个民族精神上的富有，所以语言学是一个大题目，而直到现在的语言学的成就也很能副这一个大题目。在历史学和语言学发达甚后的欧洲是如此，难道在这些学问发达甚早的中国，必须看着它荒废，我们不能制造别人的原料，便是自己的原料也让别人制造吗？

论到语言学和历史学在中国的发达是很引人寻思的。西历纪元前两世纪的司马迁，能那样子传信存疑以别史料，能作八书，能排比列国的纪年，能有若干观念比十九世纪的大名家还近代些。北宋的欧阳修一面修《五代史》，纯粹不是客观的史学，一面却作《集古录》，下手研究直接材料，是近代史学的真功夫。北南宋的人虽然有欧阳修的《五代史》，朱熹的《纲目》，是代表中世古世的思想的，但如司马光作《通鉴》，"遍阅旧史，旁采小说"，他和刘攽、刘恕、范祖禹诸人能利用无限的史料，考定旧记，凡《通鉴》和所谓正史不同的地方，每多是详细考定的结果。可惜《长篇》不存在，我们不得详细看他们的方法，然尚有《通鉴考异》说明史料的异同。宋朝晚年一切史料的利用，及考定辨疑的精神，有些很使人更惊异的。照这样进化到明朝，应可以有当代欧洲的局面了，不幸蒙元之乱，明朝人之浮夸，不特不进步，或者退步了。明清之交，浙东的史学派又发了一个好端涯，但康熙以后渐渐地熄灭，无论官书和私著，都未见得开新趋向，这乃由于满族政府最忌真史学发达之故。言语学中，中国虽然没有普日尼，但中国语本不使中国出普日尼，而中国文字也出了《说文解字》，这书虽然现在看来只是一部没有时代观念，不自知说何文解何字的系统哲学，但当年总是金声玉振的书，何况还有认识方言的轺轩使者？古代的故事且少论，论近代：顾炎武搜求直接的史料订史文，以因时因地的音变观念为语学，阎若璩以实在地理订古记载，以一切比核辨证伪孔，不注经而提出经的题目，并解决了它，不著史而成就了可以永远为法式的辨史料法。亭林、百诗这样对付历史学和语言学，是最近代的：这样立点便是不朽的遗训。不幸三百年前虽然已经成就了这样近代的一个遗训，一百多年前更有了循这遗训的形迹而出的好成就，而到了现在，除零零星星几个例外以外，不特不因和西洋人接触，能够借用新工具，扩张新材料，反要坐看修元史修清史的做那样官样形式文章，又坐看章炳麟君一流人尸学问上的大权威。章氏在文字学以外是个文人，在文字学以内做了一部《文始》，一步倒退过孙诒让，再步倒退过吴大澂，三步倒退过阮元，不特自己不能用新材料，即是别人已经开头用了的新材料，他还抹杀着。至于那部《新方言》，东西南北的猜去，何尝寻杨雄就一字因地变异作观察？这么竟倒退过二千多年了。

推绎说去，为什么在中国的历史学和语言学开了一个好的端绪以后，不能随时发展，到了现在这样落后呢？这原故本来显然，我们可以把一句很平实的话作一个很概括的标准：（一）凡能直接研究材料，便进步。凡间接地研究前人所研究或前人所创造之系统，而不繁丰细密地参照所包含的事实，便退步。上项正是所谓科学的研究，下项正是所谓书院学究的研究。在自然科学是这样，在语言学和历史学亦何尝不然？举例说，以《说文》为本体，为究竟，去作研究的文字学，是书院学究的作为。仅以《说文》为材料之一种，能充量地辨别着去用一切材料，如金文、甲骨文等，因而成就的文字学，乃是科学的研究。照着司马子长的旧公式，去写纪表书传，是化石的史学。能利用各地各时的直接材料，大如地方志书，小如私人的日记，远如石器时代的发掘，近如某个洋行的贸易册，去把史事无论巨者或细者，单者或综合者，条理出来，是科学的本事。科学研究中的题目是事实之汇集，因事实之研究而更产生别个题目。所以有些从前世传来的题目经过若干时期，不是被解决了，乃是被解散了，因为新的事实证明了旧来问题不成问题，这样的问题不管它困了多少年的学者，一经为后来发现的事实所不许之后，自然失了它的成为问题之地位。破坏了遗传的问题，解决了事实逼出来的问题，这学问自然进步。譬如两部《皇清经解》，其中的问题是很多的，如果我们这些以外不再成题月，这些以内不肯捐弃任何题目，自然这学问是静止的，是不进步的。一种学问中的题目能够新陈代谢，则所得结果可以层层堆积上去，即使年代久远，堆积众多，究竟不觉得累赘，还可以到处出来新路，例如很发达的天文、物理、化学、生物等科目；如果永远盘桓于传留的问题，旧题不下世，新题不出生，则结果直是旋风舞而已，例如中国的所谓经学中甚多题目，如西洋的哲学。所以中国各地零零碎碎致力于历史或语言范围内事的人也本不少，还有些所谓整理国故的工作，不过每每因为所持住的一些题目不在关键中，换言之，无后世的题目，或者是自缚的题目，遂至于这些学问不见奔驰的发展，只表昏黄的残缺。（二）凡一种学问能扩张它研究的材料便进步，不能的便退步。西洋人研究中国或牵连中国的事物，本来没有很多的成绩，因为他们读中国书不能亲切，认中国事实不能严辨，所以关于一切文字审求、文籍考订、史事辨别等等，在他们永远一筹莫展，但他们却有些地方比我们范围来得宽些。我们中国人多是不会解决史籍上的四裔问题的，丁谦君的《诸史外国传考证》，远不如沙万君之译外国传，玉连之解《大唐西域记》，高几耶之注《马哥博罗游记》，米勒之发读回纥文书，这都不是中国人现在已经办到的。凡中国人所忽略，如匈奴、鲜卑、突厥、回纥、契丹、女真、蒙古、满洲等问题，在欧洲人却施格外的注意。说句笑话，假如中国学是汉学，为此学者是汉学家，则西洋人治这些匈奴以来的问题岂不是虏学，治这学者岂不是虏学家吗？然而也许汉学之发达有些地方正借重虏学呢！又如最有趣的一些材料，如神只崇拜、歌谣、民俗、各地各时雕刻文式之差别，中国人把他们忽略了千百年，还是欧洲人开头为规模的注意。零星注意，中国向来有的。西洋人作学问不是去读书，是动手动脚到处寻找新材料，随时扩大旧范围，所以这学问才有四方的发展，向上的增高。中国文字学之进步，正因为《说文》之研究消灭了汗简，阮吴诸人金文之研究识破了《说文》，近年孙诒让、王国维等之殷文研究更能继续金文之研究。材料愈扩充，学问愈进步，利用了档案，然后可以订史，利用了别国的记载，然后可以考四裔史事。在中国史学的盛时，材料用得还是广的，地方上求材料，刻文上抄材料，档库中出材料，传说中辨材料。到了现在，不特不能去扩张材料，去学曹操设"发塚校尉"，求出一部古史于地下遗物，就是"自然"送给我们的出土的物事，以及敦煌石藏，内阁档案，还由它毁坏了好多，剩下的流传海外，京师图书馆所存摩尼经典等等良籍，还复任其搁置，一面则谈整理国故者人多如鲫，这样焉能进步？（三）凡一种学问能扩充它作研究时应用的工具的，则进步；不能的，则退步。实验学家之相竞如斗宝一般，不得其器，不成其事，语言学和历史学亦复如此。中国历来的音韵学者审不了音，所以把一部《切韵》始终弄不甚明白，一切古音研究仅仅以统计的方法分类。因为几个字的牵连，使得分类上各家不同，即令这些分类有的对了，也不过能举其数，不能举其实，知其然不知其所以然。如钱大听论轻唇舌上古来无之，乃自重唇舌头出，此言全是，然何以重唇分出一类为轻唇，舌头分出一类为舌上，竟不是全部的变迁，这层道理非现在审音的人不能明白，钱君固说不出。若把一个熟习语音学的人和这样一个无工具的研究者比长短，是没法子竞争的。又如解释隋唐音，西洋人之知道梵音的，自然按照译名容易下手，在中国人本没有这个工具，又没有法子。又如西藏、缅甸、暹罗等语，实在和汉语出于一语族，将来以比较言语学的方法来建设中国古代言语学，取资于这些语言中的印证处至多，没有这些工具不能成这些学问。又如现代的历史学研究，已经成了一个各种科学的方法之汇集。地质、地理、考古、生物、气象、天文等学，无一不供给研究历史问题者之工具。顾亭林研究历史事迹时自己观察地形，这意思虽然至好，但如果他能有我们现在可以向西洋人借来的一切自然科学的工具，成绩岂不更卓越呢？若干历史学的问题非有自然科学之资助无从下手，无从解决。譬如《春秋经》是不是终于获麟，《左氏经》后一段是不是刘歆所造补，我们正可以算算哀公十四年之日食是不是对的，如不对，自然是伪作，如对了，自然是和获麟前春秋文同出史所记。又譬如我们要掘地去，没有科学资助的人一铲子下去，损坏了无数古事物，且正不知掘准了没有，何如先有几种必要科学的训练，可以一层一层地自然发现，不特得宝，并且得知当年入土之踪迹，这每每比所得物更是重大的智识。所以古史学在现在之需用测量本领及地质气象常识，并不少于航海家。中国史学者先没有这些工具，哪能使得史学进步？无非靠天帮忙，这里那里现些出土物，又靠西洋人的腿，然而却又不一定是他们的脑袋，找到些新材料而已。整理自己的物事的工具尚不够，更说不上整理别人的物事，如希腊艺术如何影响中国佛教艺术，中央亚细亚的文化成分如何影响到中国的物事，中国文化成分如何由安西西去，等等，西洋的东方学者之拿手好戏，日本近年也有竟敢去干的，中国人目前只好拱手谢之而已。

由上列的三项看来，除几个例外算，近几世中中国语言学和历史学实不大进步，其所以如此自是必然的事实。在中国的语言学和历史学当年之有光荣的历史，正因为能开拓的用材料，后来之衰歇，正因为题目固定了，材料不大扩充了，工具不添新的了。不过在中国境内语言学和历史学的材料是最多的，欧洲人求之尚难得，我们却坐看它毁坏亡失。我们着实不满这个状态，着实不服气，就是物质的原料以外，即便学问的原料，也被欧洲人搬了去乃至偷了去。我们很想借几个不陈的工具，处治些新获见的材料，所以才有这历史语言研究所之设置。

我们宗旨第一条是保持亭林、百诗的遗训。这不是因为我们震慑于大权威，也不是因为我们发什么"怀古之幽情"，正因为我们觉得亭林、百诗在很早的时代已经使用最近代的手段，他们的历史学和语言学都是照着材料的分量出货物的。他们搜寻金石刻文以考证史事，亲看地势以察古地名。亭林以语言按照时和地变迁的这一个观念看得颇清楚，百诗于文籍考订上成那么一个伟大的模范著作，都是能利用旧的、新的材料，客观的处理实在问题，因解决之问题更生新问题，因问题之解决更要求多项的材料。这种精神在语言学和历史学里是必要的，也是充足的。本这精神，因行动扩充材料，因时代扩充工具，便是唯一的正当路径。

宗旨第二条是扩张研究的材料。

第三条是扩张研究的工具。这两层的理由上文中已叙说，不再重复了。这三件实在是一句话，没有客观的地理史学或语言学的题目之精神，即所谓亭林、百诗的遗训者，是不感觉着扩充材料之必要，且正也扩充不了，若不扩张工具，也不能实现这精神，处置这材料。

关于我们宗旨的负面还有几句话要说。

（一）我们反对"国故"一个观念。如果我们所去研究的材料多半是在中国的，这并不是由于我们专要研究"国"的东西，乃是因为在中国的材料到我们的手中方便些，因为我们前前后后对于这些材料或已经有了些研究，以后堆积上研究去方便些，好比在中国的地质或地理研究所所致力的，总多是些中国地质地理问题，在中国的生物研究所所致力的，总多是些中国生物问题，在中国的气象研究所所致力的，总是些中国各地气象观察。世界中无论哪一种历史学或哪一种语言学，要想做科学的研究，只得用同一的方法，所以这学问断不以国别成逻辑的分别，不过是因地域的方便成分工。国故本来即是国粹，不过说来客气一点儿，而所谓国学院也恐怕是一个改良的存古学堂。原来"国学"、"中国学"等等名词，说来都甚不详，西洋人造了中国学"新诺逻辑"一个名词，本是和埃及脱逻辑、亚西里亚逻辑同等看的，难道我们自己也要如此看吗？果然中国还有将来，为什么算学、天文、物理、化学等等不都成了国学，为什么国学之下都仅仅是些言语、历史、民俗等等题目？且这名词还不通达，取所谓国学的大题目在语言学或历史学的范围中的而论，因为求这些题目的解决与推进，如我们上文所叙的，扩充材料，扩充工具，势必至于弄到不国了，或不故了，或且不国不故了。这层并不是名词的争执，实在是精神的差异的表显。（二）我们反对疏通，我们只是要把材料整理好，则事实自然显明了。一分材料出一分货，十分材料出十分货，没有材料便不出货。两件事实之间，隔着一大段，把他们联络起来的一切涉想，自然有些也是多多少少可以容许的，但推论是危险的事，以假设可能为当然是不诚信的事。所以我们存而不补，这是我们对于材料态度；我们证而不疏，这是我们处置材料的手段。材料之内使它发现无遗，材料之外我们一点也不越过去说。果然我们同人中也有些在别处发挥历史哲学或语言泛想，这些都仅可以当作私人的事，不是研究所的工作。（三）我们不做或者反对所谓普及哪二行中的工作。近百年中，拉丁文和希腊文在欧洲一般教育中之退步，和他们在学问上之进步，恰恰成正比例，我们希望在中国也是如此。现在中国希望制造一个新将来，取用材料自然最重要的是欧美的物质文明，即物质以外的东西也应该取精神于未衰败的外国。历史学和语言学之发达，自然于教育上也有相当的关系，但这都不见得即是什么经国之大业不朽之盛事，只要有十几个书院的学究肯把他们的一生消耗到这些不生利的事物上，也就足以点缀国家之崇尚学术了——这一行的学术。这个反正没有一般的用处，自然用不着去引诱别人也好这个。如果一旦引了，不特有时免不了致人于无用，且爱好的主观过于我们的人进来时，带进了些乌烟瘴气，又怎么办?

这个历史语言研究所，本是大学院院长蔡先生委托在广州的三人筹备的，现在正计划和接洽应举的事，已有些条随着人的所在小小动手，却还没有把研究所的大体设定。稍过些时，北伐定功，破虏收京之后，这研究所的所在或者一部分在广州一部分在北京，位置的方便供给我们许多工作进行的方便。我们最要注意的是求新材料。第一步想沿京汉路，安阳至易州，安阳殷墟以前盗出之物并非彻底发掘，易州、邯郸又是燕赵故都，这一带又是卫邶故域。这些地方我们既颇知其富有，又容易达到的，现在已着手调查及布置，河南军事少静止，便结队前去。第二步是洛阳一带，将来一步一步的西去，到中央亚细亚各地，就脱了纯中国材料之范围了。为这一些工作及随时搜集之方便，我们想在洛阳或西安、敦煌或吐鲁番、疏勒，设几个工作站，"有志者事竟成"！因为广州的地理位置，我们将要设置的研究所要有一半在广州。在广州的四方是最富于语言学和人类学的材料，汉语将来之大成全靠各种方言之研究，广东省内及邻省有很多种的方言，可以每种每种的细细研究，并制定表式，用语言学帮助，作比较的调查。至于人类学的材料，则汉族以外还有几个小民族，汉族以内，有几个不同的式和部居，这些最可宝贵的材料怕要渐渐以开化和交通的缘故而消灭，我们想赶紧着手采集。我们又希望数年以后能在广州发达南洋学：南洋之富于地质生物的材料，是早已著名的了；南洋之富于人类学材料，现在已渐渐为人公认。南洋学应该是中国人的学问，因为南洋在一切意义上是"汉广"。总而言之，我们不是读书的人，我们只是上穷碧落下黄泉，动手动脚找东西！

现因我们研究所之要求及同人之祈向，想次第在两年以内设立下列各组；各组之旨趣及计划，以后分列刊印。

一、文籍考订；二、史料征集；三、考古；四、人类及民物；五、比较艺术。

以上历史范围。

六、汉语；七、西南语；八、中央亚细亚语；九、语言学。

以上语言范围。

历史学和语言学发展到现在，已经不容易由个人作孤立的研究了，它既靠图书馆或学会供给它材料，靠团体为它寻材料，并且须得在一个研究的环境中，才能大家互相补其所不能，互相引会，互相订正，于是乎孤立的制作渐渐地难，渐渐地无意谓，集众的工作渐渐地成一切工作的样式了。这集众的工作中有的不过是几个人就一题目之合作，有的可就是有规模的系统研究。无论范围大小，只要其中步步都是做研究工夫的，便不会流成"官书"的无聊。所有这些集众工作的题目及附带的计划，后来随时布白。希望社会上欣赏这些问题，并同情这样工作的人，多多加以助力！果然我们动手动脚得有结果，因而更改了"读书就是学问"的风气，虽然比不得自然科学上的贡献较为有益于民生国计，也或者可以免于妄自生事之讥诮罢！我们高呼：

一、把些传统的或自造的"仁义礼智"和其他主观，同历史学和语言学混在一气的人，绝对不是我们的同志！

二、要把历史学语言学建设得和生物学地质学等同样，乃是我们的同志！

三、我们要科学的东方学之正统在中国！

(1928年)

┃导读┃　　作为史学家的傅斯年，最具代表性的史学观点是"史学便是史料学"，这句话出自本文。

史料论略

我们在上章讨论中国及欧洲历史学观念演进的时候，已经归纳到下列的几个结论：

一、史的观念之进步，在于由主观的哲学及伦理价值论变做客观的史料学。

二、著史的事业之进步，在于由人文的手段，变做如生物学、地质学等一般的事业。

三、史学的对象是史料，不是文词，不是伦理，不是神学，并且不是社会学。史学的工作是整理史料，不是作艺术的建设，不是做疏通的事业，不是去扶持或推倒这个运动，或那个主义。

假如有人问我们整理史料的方法，我们要回答说：第一是比较不同的史料，第二是比较不同的史料，第三还是比较不同的史料。假如一件事只有一个记载，而这个记载和天地间一切其他记载（此处所谓记载，不专指文字，犹史料之不以文字为限）不相干，则对这件事只好姑信姑疑，我们没有法子去对他做任何史学的工夫。假如天地间事都是这样，则没有一切科学了，史学也是其一。不过天地间事并不如此。物理、化学的事件重复无数，故可以试验，地质、生物的记载每有相互的关系，故有归纳的结论。历史的事件虽然一件事只有一次，但一个事件既不尽止有一个记载，所以这个事件在或种情形下，可以比较而得其近真；好几件的事情又每每有相关联的地方，更可以比较而得其头绪。

在中国详述比较史料的最早一部书，是《通鉴考异》。这是司马君实领导着刘攽、刘恕、范祖禹诸人做的。这里边可以看出史学方法的成熟和整理史料的标准。在西洋则这方法的成熟后了好几百年，到十七八世纪，这方法才算有自觉的完成了。

史学便是史料学：这话是我们讲这一课的中央题目。史学便是比较方法之应用：这话是我们讨论这一篇的主旨。但史料是不同的，有来源的不同，有先后的不同，有价值的不同，有一切花样的不同。比较方法之使用，每每是"因时制宜"的。处理每一历史的事件，每每取用一种特别的手段，这手段在宗旨上诚然不过是比较，在迎合事体上却是甲不能转到乙，乙不能转到丙，丙不能转到丁……徒然高揭"史学的方法是以科学的比较为手段，去处理不同的记载"一个口号，仍不过是"托诸空言"；何如"见诸实事之深切著明"呢？所以我们把这一篇讨论分做几节，为每节举一个或若干个的实例，以见整理史料在实施上的意义。

（1930年）

导读　这是一篇悼念地理学家丁文江的纪念文章，丁文江是中国地质事业的奠基人之一，但由于他的英年早逝，今天已经很少再有人提起。丁文江生前与傅斯年是同事，也是密友，在丁文江去世后不久，傅斯年还继丁文江之后出任中央研究院总干事。

我所认识的丁文江先生

丁文江（在君）先生去世，到现在过一个月了。北方的报纸仅《大公报》上有一个认可而悼惜的短评，南方的报纸我所见只有《字林西报》有一篇社论，这篇社论是能充分认识在君品行的。李济之先生说，"在君的德行品质，要让英美去了解。"这是何等可惜的事！我以为在君确是新时代最良善最有用的中国之代表；他是欧化中国过程中产生的最高的菁华；他是用科学知识作燃料的大马力机器；他是抹杀主观，为学术为社会为国家服务者，为公众之进步及幸福而服务者。这样的一个人格，应当在国人心中留个深刻的印象。所以我希望胡适之先生将来为他作一部传记。他若不作，我就要有点自告奋勇的意思。

论在君立身行世的态度，可以分作四面去看：一对自己（或应曰律自己），二对家族，三对社会，四对国家，现在依次叙说一下：

一、在君之律自己，既不是接受现成的物质享受之绮袴子，也不是中世纪修道的高僧。他以为人们没有权利过分享受，因为过分享受总是剥夺别人，同时他也不愿受苦，因为他觉受苦的机器是没有很大工作效能的。人要为公众服务而生活，所以服务的效率愈大，生活愈有意义，起居饮食愈少磨擦，服务的效率愈大。我们在此地不可把舒适和华侈看混了。在君很看重舒适，有作用的合理的舒适。他对于朋友的趋于华侈的习惯，却是竭力告戒的。舒适可以减少每日生活中之磨擦性。只要不为舒适所征服，舒适是增加生命力的。譬如，在君是有机会坐头等车，他决不肯坐二等车，有地方睡安稳的觉，他决不肯住喧闹的旅馆。但是这些考量，这个原则，绝不阻止他到云贵爬高山去看地质，绝不阻止他到黑海的泥路上去看俄国工程，绝不阻止他每星期日率领北大的学生到西山和塞外作地质实习，绝不阻止他为探矿为计划道路，半年的游行荒野中。他平日之求舒适，正是为储蓄精力，以便大大的劳作。他以为人人有要求舒适以便工作的权利，人人都没有享受奢侈，或得到舒适而不动作的权利。在这一个道理上，他不是明显的受英国的"理论急进者"的影响么？虽然他没有这样自己宣传着！

他有两句名言："准备着明天就会死，工作着仿佛永远活着的。"所以无论在何等疾病痛苦之下，无论在何等的艰危环境中，我总不曾看见他白日的发空愁，坐着忧虑消耗光阴（不幸得很，我便是这样的一个人）。若是他忧虑，他便要把这忧虑立时现为事实，若不能立时现为事实，他决不继续忧虑着。例如他大前年冬天从俄国回来后，觉得身上像有毛病，到协和医院去诊察他的左脚大拇指发麻的症候。他问医生说，"要紧不要紧？"医生说，"大概不要紧。""能治不能治？"医生说，"不能治。"他告我，当时他听到这话便立时放心了。我问所以然。他说："若是能治，当然要想法子去治，既不能治，便从此不想他好了。"他这次在病危中，除末了一星期不大言语外，以前，虽偶有病人免不了的愤怒，但大体上是高高兴兴专说笑话的。他从不曾问过医生，"我这病有危险没有？"他在病中也不曾忧虑到任何身内的事。他能畅谈的最后一日，和我所谈的是胡适之先生应该保重他的身体，节约他的用度，是凌鸿勋先生的家庭如何快活，北方大局如何如何。这样的心神安定，有几个宗教大师能做到？

二、论到在君的对家庭，真是一位理学大儒。他对于他的夫人史久元女士是极其恩爱的。他们两个人的习惯与思想并不全在一个世界中，然而他之护持她，虽至新少年的恩爱夫妻也不过如此。丁夫人也是一位很可以敬佩的女士，处家，待朋友，都是和蔼可亲，很诚心，很周到的，并且对两方的家庭都是绝对牺牲自己的。她不断的病，在君便伺候了她二十多年的病，不特做她的保护人，并且做她的看护生。他真是一个模范的丈夫，无论在新旧的社会中，都做到这个地步了。

说到这里，我不妨连着叙述他的性道德观。他并不反对"自由生活"，假如"自由生活"不影响一个人的服务社会。他主张人的"性本能"应得其正，不然，要失却一个人的精神平衡，因而减少一个人的用处。他从俄国回来，尤其称赞俄国的婚姻制度，他说，儿童既得公育，社会上又从此没有Scandals了，这是自从人类有配偶制度以来的最大革命。他这样的信念，却是想送给将来的中国人们去享受。他自己，不特没有利用任何一种现成的左倾或右倾思想便利私图的事，或存心，并且凡是合理的旧新习惯所要求者，他总要充分的尽其责任。他论人是很宽的，自由恋爱是可以的，或者有时是很好的，假定不因此而妨害本业。娶妾也未尝不可，也要假定不因此而妨害本业。我们大家知道，他对于志摩之再度结婚是反对的，在君不是反对志摩再婚，他是反对志摩那样一结婚不能工作了。他十分的相信，服务之义"无所逃于天地之间"。至于在能充分服务一个条件下之个人自由，不应该用成见的道德论去干涉他或她。

在君对他的兄弟，又是一位模范的人格。他同母的，一兄二弟，异母的，三弟。从他的老四以下，求学的事总是他在操心。他之所以辞地质调查所的原因，据说，大部分由于地质调查所所长的薪水不够他津贴弟弟们上学。在他"失业"的那一年，我问他小家庭外大家庭内之负担，连着亲戚们共若干。他说，今年两千。待他次年不失业了，他的进款也只是每年六千。

三、在君对于社会的观念完全支配在"服务"一个信心之下。若把他这个主义写文字，我想可以这样说。看看中国人是在何等阶级的生活中。据何廉博士的研究，中国人平均进款，是每年二十七元。再看看我们知识阶级的生活是怎样。若把我们的生活降低到每年二十七元，一件事业也不能做了。若受今日社会给我们的待遇而给社会以相当的回报，只黾勉服务，把自己所有的能力都尽了，然后可以问心无愧。在这一个基本认识之下，他是永不间断的为社会中团体及个人服务。他论一件事之是非，总是以这一件事对公众有利或有害为标准。他论一个人的价值，总是以这一个人对公众有利或有害为决定。他并不是一个狭隘的功利论者，但是他的基本哲学，确是一种社会价值论。

他一生的服务范围虽是多元的，但十之七八是学术及学术行政，其余二三或者当由行政的（包括有助行政之技术的）及实业的平分了罢？他放弃了自己研究来管别人的研究，他牺牲自己一时的工作来辅助别人的工作，其意无非以为一人之成绩总有限，多人之成绩必然更大。在不深知者或者觉得他有一个舍己耘人的天性，其实他是为社会求得最大量的出息，而不求其自我。这样热心的人本已少见，这样热心又加以在君那样的见识与学问，又有谁呢？

他对于好朋友之态度，恰如他对于他的家人、妻与兄弟，即是凡朋友的事，他都操心着，并且操心到极紧张极细微的地步，有时比他那一位朋友自己操心还要多。他的操心法，纯粹由他自己的观点行之。他是绝对信赖近代医术和医院规律的。朋友病，他便如法泡制之。举例说，受他这样待遇的，有适之、咏霓两先生。他是绝对相信安定生活是工作的基础条件的，朋友们若生活不安定，他便以他的见解促成之。受他这样待遇的有我。他为一个朋友打算，要从头至尾步步安排着，连人如何娶妻如何生子都在里头。据李仲揆先生说，在君这样为他安排过，只是仲揆没有全照他的方法。朋友死了，他便是孤儿寡妇第一个保障人，赵亚曾先生的事可以为例。

他之看重朋友，似乎大多由于他认识为有用，学术上或事业之用。一旦既成朋友之后，他每每不自觉的颇以监护人自居，对于同辈（听说对于比他年长的也有时如此）俨然像个老大哥。因此，朋友们一齐称他曰"丁大哥！"若他认为某一朋友不努力，或行为上丧失或减少其社会服务的或学术的作用，他必要责备，必要督促着改过来，因此常和朋友发生纠纷。

我可以记一件亲见的事。前二月，翁咏霓先生在杭受重伤的消息传到北京时，在君正在协和医院躺着，一面检查身体一面还发点小烧。朋友想，不要告他这消息，偏他看报看见了。一听朋友说明详情，他立时想从医院飞出来。我亲自看见他在涕泗交流中与医生争执。医生说："你在这个时候离开医院去坐车是极傻的。你到了杭州，一个病人也无一点用处。"因此他才不走，就在床上料理了许多事，皆关于咏霓事业的安排。他没有许多话，只是说："咏霓这样一个人才，是死不得的。"

四、在君之对国家，或者外国人看得清楚些。他死后，《字林西报》作一社论，题目《一个真实的爱国者》，我相信这是对在君最确切的名称。诚然，在君没有标榜过爱国，尤其没有办过"救国会"，然而在君对于国家的忠勤是极其显明的事实。就消极的方面说，他从来不曾坐过免票车，从不曾用公家的费用作私用，从不曾领过一文的干薪。四年前，资源委员会送他每月一百元，他拿来，分给几个青年编地理教科书。他到中央研究院后，经济委员会送他每月公费二百元，他便分请了三位助理各做一件事。他在淞沪总办卸任后，许多人以为他必有几文，乃所余仅是薪俸所节省的三千元，为一个大家庭中人索去。

积极方面说，他在中国建设出地质学，至少他是创造了一个可以使地质学在中国发达的环境，已可谓功在国家。至今还没有第二个人在提倡科学研究上比得上他。他在淞沪任中，为后来之上海特别建造弘大的规模，只可惜后来人并不能步趋他。他除了好些积弊。他从外国人手中争回重大的权利，不以势力，不以手段，只以公道。交出这些权利的外国人，反而能够诚意的佩服他！虽然他当时的上司是孙传芳，然而他并不是孙传芳的私人，他仍为中华民国服务。后来孙传芳日暮途穷，倒行逆施时，他并没有跟他。（此中故事，在君曾为我详说，待后写出。）至于他对外国人，永远是为中国辩护的，至少是为新中国辩护。凡外国人抹杀了中国实事而加菲薄，他总起抵抗，论政如他驳濮兰德的小册子，论学如他评葛兰内的文，都是很有精彩的。北平教育界致国联调查团书，是他的手笔，是一篇伟大的著作。

用充分的知识，忠勤的为国家服务，丝毫不存自我利益心，便是真实爱国者的定义，也便是在君的行事。

在君虽是一个真实爱国者，却不是一个狭隘的国家主义者，他以为世界上的文明的和平的民族都应该共存共荣，共致力于人类之知识与幸福，所以有时候他真拿某一外国人作朋友看，这是我所最难能的。

以上所说是在君的"立身"，以下再谈在君的"行道"。

我们且看在君的道是何道。

这当然不是"貉道"，"貉道"在近代中国也曾经为几个无政府主义者提倡过，现在不闻声气了。在君既信仰近代物质文明，当然不能简单成"貉道"。这当然也不是"王道"。我们的近邻无端把霸字读作王字，真正不值一笑。在君的道决不退化到二千年前，无论他是王是霸。

在君的道是近代文明中的一条大道。在这道上走的有"搜求心"，有"理性"，有"智慧"，有"人类同情心"，在这道旁所建筑的庭舍，是"世间经验之扩充"，"科学知识之寻求"，"物质之人工的利用"，"改造不合理性的方案"。自从开辟新大陆以来，人类的知识日向扩充，人类的要求日向增加，人类的思力日向解放，至十八世纪出来了成系统的理性论。科学与工业之发达，固颇受这样思想的影响，而若干人生观社会观之改变尤是这类思想所助成。这样一步一步向着开明走的大路，一直到欧战后才出来新生的反动。

在君留学英国，在欧战前若干年（1911以前）。那时候自由党已起来当政，早年的理论急进派（Phleo—sophicalRapiAcals）若干主张，修改后依然为实际政治上争议之点。以在君的思力敏锐与多才，在这时候好看报，特别是

《泰晤士报》，自然要受这个空气的影响。我知道在君是好看经济学书的，我尤知道他关于 J. m. Keynes 的书每本必看，所以我敢说，他纵不是柯波登，边沁，穆勒之研究者，他必是受这一派思想的影响者。聪明人嗅着空气便可得坚实的益处，原不待咬文嚼字如专家。然在君又是学科学的，他在英时的科学兴趣，由动物学到地质学。恰恰这一行的科学在英国有圣人达尔文，有护法赫胥黎，有游击名将葛尔登（Francis Galton），所以在君若于研究这一行学问时越过实验室而寄兴趣于词辩，大有精神的安顿处，连宗教都有一个。在君必是一个深刻的受赫胥黎影响者（严复并不是），他也在中国以他的科学玄学战做成了赫胥黎（只可惜对方太不行了）。在君所在英国又是利用科学造成福利的最前进国，在若干意义上最近代化的地方。本来天才是生成的，在君思力锐而敏，在最短时间中能抓到一题之扼要点而略去其不重要点，自然不是英国人教会他的。但是他的天才所取用的资料，所表现的方式，所锻炼成的实体，却不能不说一部分由于英国的思想与环境，英国有很多极其可恶的思想，不过在君所受者却是最上层精粹。因为在君能读法德文书，走过大陆，他对于英国人之守旧，自大，摆架子，不自觉的自欺，必然看穿。他绝看不起中国人学来一个牛津架子，或者他对于剑桥清谈，也不尽看重吧。

至于他所受者，大来说近代欧洲的，小来说维多利亚朝以来英国的，究是些什么？我想可以撮成下列几句。

行为思想要全依理智，而不可放纵感情压倒了理智。

是是非非要全依经验，而不容以幻想代经验。

流传之事物或理论，应批评而后接受，而不容为世间的应声虫。

论事论人要权衡轻重，两害相衡取其轻，两利相衡取其重。

一切事物之价值，全以在社会福利上人类知识上之关系为断。

社会是一个合作团，人人要在里边尽其所有之能力。

社会之不公，不合理，及妄费之处是必须改革的（虽然要用演进的方式），社会上没有古物保存之必要。

读者看到这里，若是不识在君者，或者觉得此君必是一个"冷静头脑"，这却大不然了。他是一个火把！他又是一个感情极重的人，以强动不息的精神，用极大的感情，来祈求这一个"理性—经验—实用"的哲学，来实现一个进取而不保守的人生。不知必不行，知之必能行。

归纳以上两章，我们可以说，在君在立身行事上是兼备中西伦理条件的积极的良善公民，永远为团体为个人服务着。这一点是使他不能为革命党处。在君在主义上是钦崇而又信仰近代科学及开明的民生主义者。

近代文化到中国来，虽有成功，亦多失败。今日中国在思想上，在社会伦理上，在组织上，依然甚多荒古的现象，这是不得了的。丁在君是"近代化中国"的大队中最有才气的前驱。中国若有这样人二十个，又都在扼要适宜的地位，二十年后，我们庶几可以成等的近代化国家了。为什么他先死呢？

记得九一八之前半年间，有一天，我请几个朋友在我家吃饭。座上有在君，有适之先生等。我议论一个人，适之先生以为不公允，说，"你这偏见反正是会改变的。你记得在巴黎时，你向我说过三遍，回国后第一件事是杀丁文江。现在丁文江在你旁边，你干吗不杀他？"后来我怨适之先生恶作剧，他说："在君必高兴，他能将你这杀人犯变作朋友，岂不可以自豪？"

我开始大佩服在君在我读科学玄学战时，那时我在英国。以为如此才人，何为任于铁穆之朝，又与吕惠卿辈来往，所以才有"杀"之一说，其中实不免有点如朱子所说，其词若有憾，其实不尽然也。乃民国十八年初夏相见之后，不久即成朋友，一年后成好朋友，最近几年中竟成极好的朋友。在其病重时，心中自思，如我死，国家之损失小得多。这个变迁应该有个缘故吧。所以我说他好，比胡适先生说他好更有要求读者注意之理由吧？

（1936年）

导读 　傅斯年是五四运动中重要的当事人之一，在五四运动当天，他出任学生游行队伍的总指挥，他的同窗兼密友罗家伦则是五四运动当天《五四运动宣言》的执笔人。傅斯年的这篇文章真实反映了五四运动的真实情况及历史功绩，也是五四运动史研究的重要史料。

"五四"二十五年

今年的5月4日，是"五四"的第二十五年纪念。"五四"事件已经过去了一世纪的四分之一了。在这样变动剧烈的世界中，一世纪的四分之一，可以有无穷的大变化发生。即在中国，这变动也是空前的。所以若有人在今天依旧全称的、无择的讴歌"五四"，自是犯了不知世界演进国家演进的愚蠢，其情可怜。然而若果"五四"的若干含义，在今日仍有教训性而并未现实，或者大势正与之相反演进，自然不必即是国家之福，其事可虑。

"五四"在当时本不是一个组织严密的运动，自然也不是一个全无计划的运动，不是一个单一的运动，自然也不是一个自身矛盾的运动。这个情形明显的表现于其整个运动的成就上，所以消极方面的成就比积极方面的多。这正是许多人贬责"五四"运动的根据。我以为"五四"纵有许多弱点，许多未成熟处，但这个消极的贡献，却是极可宝贵的，也还是今天甚可警醒的。

中国的存在有几千年，自有其长处，即是说，有使他寿命如此长久的缘故。但是，这个几千年的存在，论对外呢，究竟光荣的年代不及屈辱的年代多；论内政呢，内政的真正清明，直如四川冬天之见太阳，"生民多艰"，古今一致。所以恢复民族的固有道德，诚为必要，这是不容怀疑的。然而涤荡传统的瑕秽，亦为必要，这也是不容怀疑的，假如我们必须头上肩上背上拖着一个四千年的垃圾箱，我们如何还有气力做一个抗敌劳动的近代国民？如何还有精神去对西洋文明"迎头赶上去"？试问明哲保身的哲学、"红老哲学"（《红楼梦》《老子》，世故之极之哲学）、虚文哲学，样子主义、面子主义、八股主义、官僚主义、封闭五官主义，这样一切一切的哲学和主义，哪一件不是建设近代国家的障碍物？在洗刷这些哲学和主义，自须对于传统的物事重新估价一番。这正如尼采所说，"重估一切的价值"。自然，发动这个重新估价，自有感情的策动，而感情策动之下，必有过分的批评；但激流之下，纵有漩涡，也是逻辑上必然的，从长看来，仍是大道运行的必经阶段。今人颇有以为"五四"当年的这样重新估价有伤民族的自信心；不错，民族的自信心是必须树立的，但是，与其自信过去，而造些未曾有的历史奇迹，以掩护着夸大狂，何如自信将来，而一步一步的作我们建国的努力？这就是说，与其寄托自信心于新石器时代或"北京人"时代，何如寄自信心于今后的一百年？把一个老大病国变成一个近代的国家，有基玛尔的土耳其是好例。土耳其原有回教的加利弗（Cal-ifate），这是土耳其几百年霸权的遗物，在上次大战中还有甚大的号召力，使土耳其虽败不亡，然而基玛尔胜利的进入君士坦丁后，毅然决然的废止这个制度，这因为这个制度之于土耳其，对外虽有号召的大力，在内却是彻底革新的阻碍，基玛尔务实不务名，所以在土耳其境内废止了他。又如中东近东人民习用的红帽子，到屋子里也不脱的，他也为文化大同起见废除了他。至于文字的改革、习俗的改革，处处表现出他要彻底近代化土耳其的精神，他为什么不爱惜这些"国粹"呢？正因为这些"国粹"是土耳其走向近代化的障碍物。

我何以说"五四"的若干含义在今天仍有教训性呢？大凡时代的进展，总不免一正一反，一往一复。最近十五年，东西的若干强国——今日全是我们的敌人——各自闹其特殊的国粹运动，我们也有我们的国粹运动，我们的国粹运动自与他们的不同，这因为我们的"国粹"与他们的"国粹"不同。我们的国粹运动所以生于近来是很可了解的，在颇小限度内，有他的用处，然若无节制地发挥起来，只是妨碍我们国家民族的近代化，其流弊无穷。随便举青年一事作例说罢，不是大家都说今日的青年总是犯了消沉、逐利、走险三条路吗？要想纠正这些，决不是用老药方所能济事的，无论这药方是汉学的威仪齐庄，或是宋学的明心见性，这个都打不动他的心坎，你说你的，他做他的，要想打动他的心坎，只有以行动启发其爱心，启发其祈求社会公道心，为这些事，舍生取义是容易的事。总而言之，建设近代国家无取乎中世纪主义。日本在维新之初，除去积极的走向近代化以外，又弄一套"祭政一致"，"国体明征"的神秘法门，日本之强，是他近代化之效，而把日本造成一个神道狂，因而把日本卷入这个自杀的战争中，便是这神秘法门的效用。难道这是可以效法的吗？所以中世纪主义也许可为某甲某乙以忽不勒汗的过程成其为呼图克图，而于全国家，全民族，是全无意义的。

"五四"的积极口号是"民主"与"科学"。在这口号中，检讨二十五年的成绩，真正可叹得很。"民主"在今天，已是世界大势所必趋，这篇短文中无法畅谈，只谈谈"科学"。注意科学不是"五四"的新发明，今天的自然科学家，很多立志就学远在"五四"以前的。不过，科学成了青年的一般口号，自"五四"始，这口号很发生了他的作用，集体的自觉总比个人的嗜好力量大。所以若干研究组织之成立，若干青年科学家之成就，不能不说受这个口号的刺激。在抗战的前夕，若干自然科学在中国已经站稳了脚，例如地质、物理、生理、生物化学，而人文社会科学之客观研究，也有很速的进展。若不是倭鬼来扰，则以抗战前五年的速度论，中国今天可以有几个科学中心，可以有几种科学很像个样子了。即是说，科学的一般基础算有了。恰恰暴雨狂风正来在开花的前一夕。受战事的打击，到了今天，工作室中徒有四壁，而人亦奄奄一息，这全是应该的，无可免的，无可怨的。一旦复原，要加倍努力赶上去。不过，今天的中国科学确有一个极大的危险，这就是，用与科学极其相反的精神以为提倡科学之动力是也。今日提倡科学之口号高唱入云，而为自然科学的建设不知在哪里，其结果只是些杂志宣传，而这些杂志中的文字，每每充满反科学性。大致说来，有狭隘的功利主义，这是使自然科学不能发达的，然若自然科学不能发达，应用科学又焉得立其根本？又有狂言之徒，一往夸大，他却不知科学的第一义是不扯谎的。全部科学史告诉我们，若没有所谓学院自由（Academic Freedom），科学的进步是不可能的。全部科学史告诉我们，近代科学是从教条、学院哲学（Scholasticism）、推测哲学（Speculative philosophy）、社会成见中解放出来的，不是反过来向这些东西倒上去的。全部科学史又告诉我们，大科学家自然也有好人，有坏人，原来好坏本自难分，有好近名的，有好小利的，原来这也情有可原，但决没有乱说谎话的。作夸大狂的，强不知以为知的。大科学家自有一种共同性，这可在盖理律、牛顿、达尔文、巴斯德诸人传记中寻得之，这些人与徇禄的经生绝无任何质量的相同处，所以今日提倡科学的方法极简单，建设几个真正可以作工作的所在，就是说，有适宜设备的所在，而容纳真正可以作科学工作的若干人于其中就够了。此外，便只是科学家自己的事了。此外，更无任何妙法。工作的环境可以培植科学家，宣传与运动是制造不出科学家来的。

我要提出一个"五四"的旧口号，这个口号是，"为科学而研究科学"，读者以为我这话迂阔么？只有这才是科学的清净法门！

（1944年）

导读 蔡元培是傅斯年的师辈，傅斯年在北京大学学习时，蔡元培正是北大校长。蔡元培兼容并包的办学理念亦深得傅斯年的认可，傅斯年也因此受益。后来蔡元培又担任中央研究院院长，傅斯年则主理中研院下属的历史语言研究所，二人始终保持着密切的合作及友谊。

我所景仰的蔡先生之风格

有几位北大同学鼓励我在本日特刊中写一篇蔡先生的小传，我以为能给蔡先生写传，无论为长久或为一时，都是我辈最荣幸的事。不过，我不知我有无此一能力。且目下毫无资料，无从着笔，而特刊又急待付印，所以我今天只能写此一短文。至于编辑传记的资料，是我的志愿，而不是今天便能贡献给读者的。

凡认识蔡先生的，总知道蔡先生宽以容众；受教久的，更知道蔡先生的脾气，不严责人，并且不滥奖人，不像有一种人的脾气，称扬则上天，贬责则入地。但少人知道，蔡先生有时也很严词责人。我以受师训备僚属有25年之长久，颇见到蔡先生生气责人的事。他人的事我不敢说，说和我有关的。

（一）蔡先生到北大的第一年中，有一个同学，长成一副小官僚的面孔，又做些不满人意的事，于是同学某某在西斋（寄宿舍之一）壁上贴了一张"讨伐"的告示；两天之内，满墙上出了无穷的匿名文件，把这个同学骂了个"不亦乐乎"。其中也有我的一件，因为我也极讨厌此人，而我的匿名揭帖之中，表面上都是替此君抱不平，深的语意，却是挖苦他。为同学们赏识，在其上浓圈密点，批评狼藉。这是一时学校中的大笑话。过了几天，蔡先生在一大会中演说，最后说到此事，大意是说：

> 诸位在墙壁上攻击××君的事，是不合做人的道理的。诸君对×君有不满，可以规劝，这是同学的友谊。若以为不可规劝，尽可对学校当局说。这才是正当的办法。至于匿名揭帖，受之者纵有过，也决不易改悔，而施之者则为丧失品性之开端。凡作此事者，以后都要痛改前非，否则这种行动，必是品性沉沦之端。

这一篇话，在我心中生了一个大摆动。我小时，有一位先生教我"正心"、"诚意"、"不欺暗室"，虽然《大学》念得滚熟，却与和尚念经一样，毫无知觉；受了此番教训，方才大彻大悟，从此做事，决不匿名，决不推自己责任。大家听蔡先生这一段话之后印象如何我不得知，北大的匿名"壁报文学"从此减少，几至绝了迹。

（二）蔡先生第二次游德国时，大约是在民国十三年吧，那时候我也是在柏林。蔡先生到后，我们几个同学自告奋勇照料先生，凡在我的一份中，无事不办了一个稀糟。我自己自然觉得非常惭愧，但蔡先生从无一毫责备。有一次，一个同学给蔡先生一个电报，说是要从莱比锡来看蔡先生。这个同学出名的性情荒谬，一面痛骂，一面要钱，我以为他此行必是来要钱，而蔡先生正是穷得不得了，所以与三四同学主张去电谢绝他，以此意陈告先生。先生沉吟一下说："《论语》上有几句话，'与其进也，不与其退也，唯何甚？人洁己以进，与其洁也，不保其往也。'你说他无聊，但这样拒人于千里之外，他能改了他的无聊吗？"

于是我又知道读《论语》是要这样读的。

（三）北伐胜利之后，我们的兴致很高。有一天在先生家中吃饭，有几个同学都喝醉了酒，蔡先生喝得更多，不记得如何说起，说到后来我便肆口乱说了。我说："我们国家整好了，不特要灭了日本小鬼，就是西洋鬼子，也要把他赶出苏伊士运河以西，自北冰洋至南冰洋，除印度、波斯、土耳其以外，都要'郡县之'。"蔡先生听到这里，不耐烦了，说："这除非你做大将。"

此外如此类者尚多，或牵连他人，或言之太长，姑不提。即此三事，已足证先生责人之态度是如何诚恳而严肃的，如何词近而旨远的。

蔡先生之接物，有人以为滥，这全不是事实，是他在一种高深的理想上，与众不同。大凡中国人以及若干人，在法律之应用上，是先假定一个人有罪，除非证明其无罪；西洋近代之法律是先假定一人无罪，除非证明其有罪。蔡先生不特在法律上如此，一切待人接物，无不如此。他先假定一个人是善人，除非事实证明其不然。凡有人以一说进，先假定其意诚，其动机善，除非事实证明其相反。如此办法，自然要上当，但这正是孟子所谓"君子可欺以其方，难罔以非其道"了。

若以为蔡先生能恕而不能严，便是大错了，蔡先生在大事上是丝毫不苟的。有人若做了他以为大不可之事，他虽不说，心中却完全有数。至于临艰危而不惧，有大难而不惑之处，只有古之大宗教家可比，虽然他是不重视宗教的。关于这一类的事，我只举一个远例。

在五四前若干时，北京的空气，已为北大师生的作品动荡得很了。北洋政府很觉得不安，对蔡先生大施压力与恫吓，至于侦探之跟随，是极小的事了。有一天路上，蔡先生在他当时的一个"谋客"家中谈起此事，还有一个谋客也在。当时蔡先生有此两谋客，专商量如何对付北洋政府的，其中的那个老谋客说了无穷的话，劝蔡先生解陈独秀先生之聘，并要制约胡适之先生一下，其理由无非是要保存机关，保存北方读书人，一类似是而非之谈。蔡先生一直不说一句话。直到他们说了几个钟头以后，蔡先生站起来说："这些事我都不怕，我忍辱至此，皆为学校，但忍辱是有止境的。北京大学一切的事，都在我蔡元培一人身上，与这些人毫不相干。"这话在现在听来或不感觉如何，但试想当年的情景，北京城中，只是些北洋军匪、安福贼徒、袁氏遗孽，具人形之识字者，寥寥可数，蔡先生一人在那里办北大，为国家种下读书爱国革命的种子，是何等大无畏的行事！

蔡先生实在代表两种伟大的文化，一是中国传统圣贤之修养，一是法兰西革命中标揭自由、平等、博爱之理想。此两种伟大文化，具其一已难，兼备尤不可觏。先生殁后，此两种文化在中国之气象已亡矣！至于复古之论，欧化之谈，皆皮毛渣滓，不足论也。

（1940年）

|导读|　　傅斯年不是一个外交家，但却是民国外交的清醒的旁观者。傅斯年总能找出民国政府的重大时弊所在，外交是近现代中国不可回避的重大问题，远如鸦片战争、甲午战争，近如五四运动、日本的侵华暴行及对日抗战后期的各国关系，外交都起到了决定性的作用，近现代中国近百年的屈辱在外交上体现得最为显著。

天朝　洋奴　万邦协和

在近一百年中，中国造成的伟大的失败固有好几件，而伟大的成就也有好几件，这伟大的成就之一，便是中国由一个古老式的国体，变其形态，加入了近代列邦之兄弟圈中。

这个改变的过程，自然都是过去的事，但其中的意义在现在还有启示性的，所以不妨简略说一下。中国历代的国体，只有罗马帝国大体上可以比拟，这就是说，他不承认甚且不知道有和他平等的国家之存在。罗马帝国固与当时的北方民族信使往还，但他只知道这些民族是些夷狄，他的使者塔西士斯写了一部他的《索虏传》(Tacitus de Germania)，他与东方波斯国的萨山涅王朝常在构兵中，这是东方文化很高的国家，但他也决不承认波斯是他的平等国。所以罗马帝国便是古代欧洲的"天朝"，他平衡四围一切的民族，全以他自己的标准为断，所谓"外国"，只是蛮夷的代名词，而非不管他的事之谓。同样道理，历代的中国，除去宋辽一段似乎有点平等国交以外，也是不承认且不了解世上可以列国分立，平等交往的。汉晋隋唐这样，近代的明清也不是例外。积累二千年之习惯，陶冶在普天率土，中国四夷之观念之中，更以过去的成功坚实其自信心，所以自明末远西人始到中国以来，求通商者总说他是入贡，派信使者总说他是来朝，这并不是当时人矫情造作，当时人的心中确如此想，且不能相信更有其他的观念可以存在。且看乾隆时期英国派遣玛加纳伯爵奉使来华，乾隆给英王的回信（两通上谕）所说的话，如"咨尔英王，海外输诚，重译向化……"一类的话，若译成白话的英文，便等于说"你这个野蛮的国度呵……你不安于你的僻陋的状态呵……羡慕天朝的文化呵"。这在今天读来，不免觉得这位弘历可汗真正糊涂，但在当时人却绝不能觉出他有万分之一的胡闹来。我记得1922年我在伦敦有一天听哲学家罗素演讲"中国问题"，他就把这诏书的直译读来，惹得会场笑死。他接着说："若是觉得这话可笑，便不了解中国对外关系之历史的背景；若了解中国，便应不觉得这话可笑。因为中国正如罗马帝国不知世上有他的平等者，这是在当时环境中所必然的。"中国自鸦片战争以后数十年间，与外国人的纠纷，常常由"天朝体制"而起。我看李鸿章在辛丑议和中的电奏，若干关涉主权的大事，在西安的流亡政府并不关心，只是严电李氏力争外使初觐坐黄轿一事，从此可知天朝的宝座，不肯轻易拆除，天朝人物的立场，不是轻易改变的。

但是，这立场，这宝座，终于几度在战舰火器之下拆除了。辛丑以后，办洋务者成为一个新的物种，住大埠者养成一种新的心理。这个顺应次殖民地地位之心理，赤裸裸地说出，便是洋奴。

天朝的心理是自大，也是所谓优越感（Superiority Complex），洋奴的心理是自卑（Inferiority Complex），也是所谓劣贱感，这两种心理，都是不能与他国共处而能处得自然的。

国民革命军北伐以来，洋奴心理阶段应该告一结束，而抗战数年，不平等条约取消，这两种心理似乎全成过去。但是，我们不可大意，这两种心理因有他们长期的传统，并未在人人心中除尽。必须除尽，我们国家方才舒舒服服的繁荣在近代列国的兄弟圈中。读者以为我这是过虑吗？我想未必吧？我看见期刊中常常有妄自尊大的怪文，也每每听到变相"刚巴多"的怪论，这都是阻碍我们取一种自然态度的。

中国既已加入了近代列国的兄弟圈，自无取乎往者的两项态度。今后的外交态度，既非自恃，亦非倚赖，而应该是万邦协和。这一个名词在中国固是一个成语，在拉丁文亦有一个完全相同的成语，即Commitasinter alias。所可惜者，朋友告我，倭奴也用这个名词，用得它全是倭奴的曲解，犹之乎他说"王道"全是"霸道"一样。我初闻此说，今晚又想不出一个更好的名词来，所以仍用这个名词作标题，只是界说明白，协和是自由意志的协和，非所谓"罗马和平"也。

协和主义之外交，本身是个明显的原则，不待具体的界说它，若必须举例说它的要点，我一时想有下列三点可说：一、协和主义之外交，是不树立任何敌人的，必不得已而有敌人，这敌人必须是世界之公敌，而非一己之私敌。所以相沿的纠纷，能解决者，总是尽早解决，必不得已，利害相衡，宁可忍痛。所谓悬案，只有国力至强者，方可负担得多多个。国力在培植中者，万不可多有，以免小患变成大害。此外与人相处，最要是"诚"、"恕"二字。诚者，心口如一之谓；恕者，能为对方设身处地想之谓。日本人之失败，即失败于自其"开国"以来不取此二字。

二、以上的一义，仍是偏于消极防患的方面，积极方面，我们必须有极其可与深切合作的与国，否则虽少敌人，亦少与国，仍不免为孤立主义。此孤立主义，在将来之世界中无一国担负得起的，连同美国在内。我所谓极其可与深切合作之与国者，即谓在平时可与之取同一之步调，以维持世界和平，万不得已而有正义之抗战，可恃为盟邦，彼力与我力，可应一切变局也。

三、协和的外交，不仅是一个政府对一个政府的事，而是一个全国民对一个全国民的事，所以除非有关国体的事，只有"吾从众"是善策。文化的合作，是国民外交之基础，文化既合作，自不免相互的影响，且正需要此影响。若于此中有所别择，必先于此道细心体会，否则但看到一面别择等于杜塞，杜塞之结果必是疏交。即以中美过去关系论，美国固自海约翰起，树立其对华亲交政策，且自鸦片战争以来，即与英法异其步调，思与中国交好。正如曾国藩奏折上说"米夷资性淳厚，对天朝时思效顺，并英佛等夷构结似并不深"。这调子在今天看来真可笑，然确是一件重要的史实。即美国从未参加对华之屈服争夺战也。然而这二十余年中，中美亲交之基础，并不在商务上、权益上，而在文化上。文化制造一种情感，是比国策纯洁的，且有时比国策还有效，因为国策有时摇摆，感情是不然的。

综括以上几项的意思，则我们今后至少三十年中的外交——建设国力中的外交——应该是"联美、善英、和俄，而与其他国家友谊相处"是也。所谓联美者，有经济上的联系，有文化上的联系，这皆极其重要，而最前要决定的是"世界政策"的联系。这就是说，美国对于战后世界改造之大小问题，我们要参与其决定，而积极的，有效的，加以赞助，助其实现。中美两国人不仅在战争中要做同志，即战后亦当建设长久高度的亲交。有这样的亲交，而中国的国力在滋长中，则太平洋真为太平之洋。就是说半边天下太平了。说到英国，我们先要知道英国不是一个很讲感情的国族，而是一个重理智的国族。惟其如此，故与英国做朋友的本钱不多是外交上的机智，而多是内政上的修饬。官府之效能甚大，经济之进步甚速，文化之开展可佩，社会道德之增进可睹，这样，就是你无意与英国做好友，英国也会找上你的门来的。本来这个道理对一切国家皆适用，而对英国尤其适用者，因为对英国更无第二条基本方法也。苏联的外交是百分之百的现实主义者，大凡现实主义者，必作惊人之举，凡曾一度作惊人之举者，必在未来屡作惊人之举。而与现实主义者相处，强则只有也用现实主义，弱则只有充分认识现实，而现实地解决一切。总而言之，统而言之，我们今后五十年中，第一个心思是培植国力，第二个心思还是培植国力。在培植国力中，我们要避免一切可能的纠纷，并解决一切不安的因素，勿以善小而不为，勿以害小而忽之。试看历史上的伟大朝代，在建国之始，哪一个不是在外交上小心翼翼的。一位朋友听我说到此地，来问我，"你的意思是不是说，我们现在姑且取老子的柔道，一旦国力建设起来，再发扬蹈厉一下子？"

我回答说，你这话全是战国阴谋之说，我们今天要协和，以建立国力，将来仍要协和，以持盈保大，否则今日之柔，以为他日之刚，便是不诚，不诚是必自食其果的。如日本之为方法改良的义和团也是。朋友又说，你这一些话都是平淡无奇的常谈。我回答说，这话太恭维了。要道理都是老生常谈，如辕固生之说《老子》为"寻常家人言"。

不过我要声明一句，协和的外交，不可解作无所事事坐而待之的外交，相反的，应该是极其积极极其活跃的外交。我又要附带一句：外交之基础全在内政，不过也有内政甚修饬，而以外交方针之错误招致大祸的，如上次欧洲之德国是也。但却没有离开内政而能运用外交的。

（1944年）

导读 傅斯年是山东聊城人，他笔下的孔子及《论语》均值得一读。

春秋时代之矛盾性与孔子

春秋时代之为矛盾时代，是中国史中最明显之事实。盖前此之西周与后此之战国全为两个不同之世界，则介其间者二三百年之必为转变时期，虽无记载，亦可推想知之。况春秋时代记载之有涉政治社会者，较战国转为充富。《左传》一书，虽编定不出于当时，而取材实为春秋列国之语献，其书诚春秋时代之绝好证物也（《左传》今日所见之面目自有后人成分在内，然其内容之绝大部分必是战国初年所编，说别详）。春秋时代既为转变时代，自必为矛盾时代，凡转变时代皆矛盾时代也。

春秋时代之为矛盾，征之于《左传》《国语》者，无往不然，自政治以及社会，自宗教以及思想，弥漫皆是。其不与本文相涉者，不具述，述当时天人论中之矛盾。

春秋时代之天道观，在正统派自仍保持大量之神权性，又以其在《周诰》后数百年，自亦必有充分之人定论。试看《左氏》《国语》，几为鬼神灾祥占梦所充满，读者恍如置身殷商之际。彼自言"国之大事在祀与戎"，则正是殷商卜辞之内容也。此诚汪容甫所谓其失也巫矣。然亦偶记与此一般风气极端相反之说，其说固当时之新语，亦必为《左氏》《国语》作者所认为嘉话者也。举例如下：

季梁……对曰："夫民，神之主也。"（桓六）

[宫之奇]对曰：……"如是，则非德民不和，神不享矣。神所凭依，将在德矣。"（僖五）

及惠公在秦，曰："先君若从史苏之占，吾不及此夫！"韩简侍，曰："……先君之败德，其可数乎？史苏是占，勿从何益？"（僖十五）

[周内史叔兴父]对曰："……是阴阳之事，非吉凶所生也。吉凶由人。"（僖十六）

邾文公卜迁于绎。史曰："利于民而不利于君。"邾子曰："苟利于民，孤之利也。天生民而树之以君，以利之也。民既利矣，孤必与焉。"左右曰："命可长也，君何弗为？"邾子曰："命在养民。死之短长，时也。民苟利矣，迁也，吉莫如之！"遂迁于绎。五月，邾文公卒。君子曰："知命。"（文十三）

晋侯问于士弱曰："吾闻之，宋灾，于是乎知有天道，何故？"对曰："……商人阅其祸败之衅，必始于火，是以日知其有天道也。"公曰："可必乎？"对曰："在道，国乱无象，不可知也。"（襄九）

楚师伐郑……[晋]董叔曰："天道多在西北，南师不时，必无功。"叔向曰："在其君之德也。"（襄十九）

有星孛于大辰。……郑裨灶言于子产曰："宋卫陈郑将同日火。若我用瓘斝玉瓒，郑必不火。"子产弗与。……戊寅，风甚。壬午，大甚。宋、卫、陈、郑，皆火。……裨灶曰："不用吾言，郑又将火。"郑人请用之，子产不可。子大叔曰："宝以保民也。若有火，国几亡。可以救亡，子何爱焉？"子产曰："天道远，人道迩，非所及也，何以知之？灶焉知天道？是亦多言矣，岂不或信？"遂不与，亦不复火。（昭十七年至十八）

此中所论固与周召之诰一线相承，然其断然抹杀占梦所示及当时之天道论，实比托词吉卜之《大诰》犹为更进一步。此等新说固与时人之一般行事不合,《左传》自身即足证明之矣。

春秋时代之人论,在一般人仍是依族类而生差别之说。《氏书》既引史佚"非我族类,其心必异"之语,又假郑小驷以喻之,以种言,则别夷狄华夏(富辰语,见僖二十四),以等言,则辨君子小人(阴饴甥语,见僖十五)。然"斯民同类"之意识,亦时时流露,既称晋文听舆人之诵,复美曹沫鄙肉食之言,对于庶民之观念已非如往昔之但以为"氓之蚩蚩"也。且其时族类间之界画已不甚严,"虽楚有才,晋实用之。"绛登狐氏,秦用由余。其于吴也,固贱其为断发之荆蛮,亦奉之为姬姓之长宗。其于秦也,犹未如魏邦既建、田氏篡齐之时以夷狄遇之也。再就阶级言之。《周诰》之词,固已认人事胜天定,犹绝无君侯之设乃为庶民服务之说,然此说在《左传》则有之。师旷曰,"天之爱民甚矣,岂其使一人肆于民上?"宫之奇曰,"夫民,神之主也,是以圣王先成民而后致力于神。"邾文公曰,"命在养民。"由此前进一步,便是孟子民贵君轻之谈,其间可无任何过渡阶级矣。

括而言之,春秋时代,神鬼天道犹颇为人事之主宰,而纯正的人道论亦嶄然出头。人之生也,犹辨夷夏之种类,上下之差别,而斯民同类说亦勃然以兴。此其所以为矛盾时代。生此时代之思想家,如不全仍旧贯,或全作新说,自必以调和为途径,所谓集大成者,即调和之别名也。

孔 子

孔子一生大致当春秋最后三分之一,则春秋时代之政治社会变动自必反应于孔子思想之中。孔子生平无著述(作《春秋》赞《周易》之说,皆不可信)。其言语行事在后世杂说百出,今日大体可持为据者,仅《论语》《檀弓》两书耳。《檀弓》所记多属于宗教范围,故今日测探孔子之天人论应但以《论语》为证矣。试绎《论语》之义,诚觉孔子之于天人论在春秋时代为进步论者,其言与上文所引《左传》所载之新说嘉话相同,而其保持正统遗训亦极有力量。然则孔子并非特异之学派，而是春秋晚期开明进步论者之最大代表耳。孔子之宗教以商为统，孔子之政治以周为宗。以周为宗，故曰："如有用我者，吾其为东周乎。"其所谓"为东周"者，正以齐桓管仲为其具体典范。故如为孔子之政治论作一名号，应曰霸道，特此所谓霸道，远非孟子所界说者耳。

孔子之言性与天道，一如其政治论之为过渡的、转变的。《论语》记孔子言性与天道者不详，此似非《论语》取材有所简略，盖孔子实不详言也，子夏曰："夫子之文章可得而闻也。夫子之言性与天道不可得而闻也已。"（据倭本增"已"字）《论语》又曰："子罕言利，与命，与仁。"（宋儒或以为与命、与仁之写字应作动字解，犹言许命许仁也。此说文法上实不可通。与之为连续词毫无可疑。《晋语》言："杀晋君，与逐出之，与以归之，与复之，孰利？"此同时书中语法可征者也）。今统计《论语》诸章，诚哉其罕言，然亦非全不言也。列举如下：

子曰："……五十而知天命。"（《为政》）

子曰："不知命，无以为君子也。"（《尧曰》）

子曰："君子有三畏，畏天命，畏大人，畏圣人之言。小人不知天命而不畏也，狎大人，侮圣人之言。"（《季氏》）

子曰："道之将行也与，命也。道之将废也与，命也。公伯寮其如命何？"（《宪问》）

子曰："天生德于予，桓魋其如予何？"（《述而》）

子畏于匡，曰："文王既殁，文不在兹乎？天之将丧斯文也，后死者不得于斯文也。天之未丧斯文也，匡人其如予何？"（《子罕》）

子曰："凤鸟不至，河不出图，吾已矣夫！"（《子罕》）

颜渊死，子曰："噫，天丧予，天丧予！"（《先进》）

伯牛有疾，子问之，自牖执其手，曰："亡之，命也夫！斯人也而有

斯疾也，斯人也而有斯疾也!"（《雍也》）

子疾病，子路请祷，子曰："有诸?"子路对曰："有之。诔曰，'祷尔于上下神祇。'"子曰："丘之祷久矣。"（《述而》）

子夏曰："商闻之矣（此当是闻之孔子，故并引），'死生有命，富贵在天。'"（《颜渊》）

子曰："莫我知也夫!"子贡曰："何为其莫知子也?"子曰，"不怨天，不尤人，下学而上达，知我者，其天乎?"（《宪问》）

子曰："予欲无言。"子贡曰："子如不言，则小子何述焉?"子曰："天何言哉? 四时行焉，百物生焉。天何言哉?"（《阳货》）

子不语怪、力、乱、神。（《述而》）

理会以上所引，知孔子之天道观有三事可得言者：

其一事曰，孔子之天命观念，一如西周之传说，春秋之世俗，非有新界说在其中也。孔子所谓天命，指天之意志，决定人事之成败吉凶祸福者，其命定论之彩色不少。方其壮年，以为天生德于予，庶几其为东周也。及岁过中年，所如辄不合，乃深感天下事有不可以人力必成者，乃以知天命为君子之德。颜回、司马牛早逝，则归之于命，公伯寮、桓魋见谋，则归之于命；凤鸟不至，而西狩获麟，遂叹道之穷矣。在后人名之曰时，曰会合，在今人名之曰机会者，在孔子时尚不用此等自然名词，仍本之传统，名之曰天命。孔子之所谓天命，正与金文《周诰》之天令（或作天命）为同一名词，虽彼重言命之降，此重言命之不降，其所指固一物，即吉凶祸福成败也。

其二事曰，孔子之言天道，虽命定论之彩色不少，而非完全之命定论，而为命定论与命正论之调合。故曰，"一日克己复礼，天下归仁焉。"又曰，"知我者其天乎!"夫得失不系乎善恶而天命为前定者，极端命定论之说也。善则必得天眷，不善则必遭天殃，极端命正论之说也。后说孔子以为盖不尽信，前说孔子以为盖无可取，其归宿必至于俟命论。所谓俟命论者，谓修德以俟天命也。凡事求其在我，而不责其成败于天，故曰"不怨天"，尽人事而听天命焉，故曰"丘之祷久矣"。此义孟子发挥之甚为明切，其辞曰，"修身以俟之"，又曰，"顺受其正"，又曰，"尽其道而死者，正命也"。此为儒家天人论之核心，阮芸台言之已详，今不具论。

其三事曰，孔子之言天道，盖在若隐若显之间，故罕言之，若有所避焉，此与孔子之宗教立场相应，正是脱离宗教之道德论之初步也。夫罕言天道，是《论语》所记，子贡所叹。或问禘之说，孔子应之曰，"不知也，知其说则于天下犹运之掌。"是其于天也，犹极虔敬而尊崇，盖以天道为礼之本，政事为礼之用。然而不愿谆谆言之者，言之详则有时失之诬，言之详则人事之分量微，此皆孔子所不欲也。与其详言而事实无征，何如虔敬以寄托心志？故孔子之不详言，不可归之记录有阙，实有意如此耳。子不语"怪、力、乱、神"，然而"祭如在，祭神如神在"。又曰"吾不与祭，如不祭"。其宗教之立场如此，其道德论之立场亦复一贯。孔子之道德观念，其最前假定仍为天道，并非自然论，亦未纯是全神论（Pantheism），惟孔子并不盘桓于宗教思想中，虽默然奉天以为大本，其详言之者，乃在他事不在此也。

如上所言，其第一事为古昔之达名，其二三两事亦当时贤智之通识，孔子诚是春秋时代之人，至少在天道论上未有以超越时代也。在彼时取此立场固可得暂时之和谐，然此立场果能稳定乎？时代既已急转，思想主宰既已动摇，一发之势不可复遏，则此半路之立场非可止之地。故墨子对此施其攻击，言天之明明，言命之昧昧，而孟子亦在儒家路线上更进一步，舍默尔而息之态，为深切著明之辞。孔子能将春秋时代之矛盾成一调和，却不能使此调和固定也。

孔子之天论立于中途之上，孔子之人论亦复如是。古者以为人生而异，族类不同而异，等差不同而异，是为特别论之人性说。后世之孟子以为人心有其同然，圣人先得人心之同然者也，是为普遍论之人性说，孔子则介乎二者之间。今引《论语》中孔子论人之生质诸事。

子曰："性相近也，习相远也。"（《阳货》）

子曰："惟上智与下愚不移。"（《阳货》）

子曰："中人以上可以语上也，中人以下不可以语上也。"（《雍也》）

孔子曰："生而知之者上也，学而知之者次也，困而学之又其次也，困而不学，民斯为下矣。"（《季氏》）

子曰："民可使由之，不可使知之。"（《泰伯》）

子曰："惟女子与小人为难养也。近之则不逊，远之则怨。"（《阳货》）

孔子以为人之生也相近，因习染而相远，足征其走上普遍论的人性说已远矣，然犹未至其极也。故设上智下愚之例外，生而知，学而知，困而学之等差，犹以为氓氓众生，所生之凭借下，不足以语于智慧，女子小人未有中上之素修，乃为难养，此其与孟子之性善论迥不侔矣。

在人论上，遵孔子之道路以演进者，是荀卿而非孟子。孔子以为人之生也，大体不远，而等差亦见，故必济之以学，然后归于一路。孔子认为尽人皆须有此外工夫，否则虽有良才，无以成器，虽颜回亦不是例外，故以克己复礼教之。此决非如孟子所谓"万物皆备于我，反身而诚，乐莫大焉"者也。引《论语》如下：

子曰："我非生而知之者，好古敏以求之者也。"（《述而》）

子曰："……好仁不好学，其蔽也愚。好知不好学，其蔽也荡。好信不好学，其蔽也贼。好直不好学，其蔽也绞。好勇不好学，其蔽也乱。好刚不好学，其蔽也狂。"《阳货》）

孔子对曰："有颜回者好学，不迁怒，不贰过。"（《雍也》）

颜渊问仁。子曰："克己复礼为仁。一日克己复礼，天下归仁焉。为仁由己，而由人乎哉？"颜渊曰："请问其目。"子曰："非礼勿视，非礼勿

听，非礼勿言，非礼勿动。"（《颜渊》）

　　颜渊喟然叹曰："……夫子循循然善诱人，博我以文，约我以礼。"（《子罕》）

　　子贡问曰："孔文子，何以谓之文也。"子曰："敏而好学，不耻下问，是以谓之文也。"（《公冶长》）

孔子以为人之生也不齐，必学而后志于道。荀子以为人之生也恶，必学而后据于德。其人论虽有中性与极端之差，其济之之术则无异矣。兹将孔、孟、荀三氏之人性说图以明之。

　　后人以尊德性道问学分朱陆，其实此分辨颇适用于孟子、荀卿，若孔子，与其谓为尊德性，勿宁谓之为道问学耳。

　　孔子之地位，在一切事上为承前启后者，天人论其一焉。

（1930年代）